全民科普　创新中国

新型道路交通

冯化太◎主编

汕頭大學出版社

图书在版编目（CIP）数据

新型道路交通 / 冯化太主编. -- 汕头 ：汕头大学
出版社，2018.8（2023.5重印）
ISBN 978-7-5658-3703-6

Ⅰ．①新… Ⅱ．①冯… Ⅲ．①交通－青少年读物
Ⅳ．①U-49

中国版本图书馆CIP数据核字（2018）第163958号

新型道路交通　　　XINXING DAOLU JIAOTONG

主　　编：冯化太
责任编辑：汪艳蕾
责任技编：黄东生
封面设计：大华文苑
出版发行：汕头大学出版社
　　　　　广东省汕头市大学路243号汕头大学校园内　邮政编码：515063
电　　话：0754-82904613
印　　刷：北京一鑫印务有限责任公司
开　　本：690mm×960mm　1/16
印　　张：10
字　　数：126千字
版　　次：2018年8月第1版
印　　次：2023年5月第2次印刷
定　　价：45.00元
ISBN 978-7-5658-3703-6

前言
PREFACE

习近平总书记曾指出："科技创新、科学普及是实现创新发展的两翼，要把科学普及放在与科技创新同等重要的位置。没有全民科学素质普遍提高，就难以建立起宏大的高素质创新大军，难以实现科技成果快速转化。"

科学是人类进步的第一推动力，而科学知识的学习则是实现这一推动的必由之路。特别是科学素质决定着人们的思维和行为方式，既是我国实施创新驱动发展战略的重要基础，也是持续提高我国综合国力和实现中华复兴的必要条件。

党的十九大报告指出，我国经济已由高速增长阶段转向高质量发展阶段。在这一大背景下，提升广大人民群众的科学素质、创新本领尤为重要，需要全社会的共同努力。所以，广大人民群众科学素质的提升不仅仅关乎科技创新和经济发展，更是涉及公民精神文化追求的大问题。

科学普及是实现万众创新的基础，基础更宽广更牢固，创新才能具有无限的美好前景。特别是对广大青少年大力加强科学教育，使他们获得科学思想、科学精神、科学态度以及科学方法的熏陶和培养，让他们热爱科学、崇尚科学，自觉投身科学，实现科技创新的接力和传承，是现在科学普及的当务之急。

近年来，虽然我国广大人民群众的科学素质总体水平大有提高，但发展依然不平衡，与世界发达国家相比差距依然较大，这已经成为制约发展的瓶颈之一。为此，我国制定了《全民科学素质行动计划纲要实施方案（2016—2020年）》，要求广大人民群众具备科学素质的比例要超过10%。所以，在提升人民群众科学素质方面，我们还任重道远。

我国已经进入"两个一百年"奋斗目标的历史交汇期，在全面建设社会主义现代化国家的新征程中，需要科学技术来引航。因此，广大人民群众希望拥有更多的科普作品来传播科学知识、传授科学方法和弘扬科学精神，用以营造浓厚的科学文化气氛，让科学普及和科技创新比翼齐飞。

为此，在有关专家和部门指导下，我们特别编辑了这套科普作品。主要针对广大读者的好奇和探索心理，全面介绍了自然世界存在的各种奥秘未解现象和最新探索发现，以及现代最新科技成果、科技发展等内容，具有很强的科学性、前沿性和可读性，能够启迪思考、增加知识和开阔视野，能够激发广大读者关心自然和热爱科学，以及增强探索发现和开拓创新的精神，是全民科普阅读的良师益友。

目录
CONTENTS

四通八达的高速公路

　　高速公路属于高等级公路，是指有四车道以上、两向分隔行驶、完全控制出入口、全部采用立体交叉形式的公路。高速公路的昼夜小客车交通量年平均要达到25000辆以上。

　　一般来讲，高速公路应符合下列四个条件：一是只供汽车高速行驶；二是设有多车道、中央分隔带，将往返交通完全隔开；三是设有立体交叉口；四是全线封闭，出入口控制，只准汽车在规定的一些立体交叉口进出公路。

　　另外，高速公路必须采用沥青混凝土或水泥混凝土高级路面，要设置齐全的标志、标线、信号及照明装置。路面必须能适应每小时120千米或者更高的速度，严禁行人和非机动车通行。

　　世界第一条高速公路是德国在1933年建成的汉堡至柏林的高速公路，然而世界高速公路之冠却是美国。虽然美国的第一条高速公路加利福尼亚州高速公路比德国晚了4年，但由于后来发展迅猛，成为世界高速公路里程最长的国家之一。

　　美国的高速公路一般有4条以上车道，每条道宽3.5米、中间加4~5米宽的隔离带，有的铺设矮灌木或草地，边缘设有防护栏杆。高速公路每隔五六千米就设有醒目的路牌栏杆。

　　在美国高速公路上旅行，常常会看到中央隔离带调整车道的情况，这是根据来往双向的车流的变化而调整的。如芝加哥的8车道高速公路，平时双向为4-4车道，上午高峰时变为6-2车道，下午变为2-6车道，机动灵活地调整车道，大大疏通了车流。

　　欧洲高速公路也十分发达，现已形成一横二纵3条高速公路网。一横是东自奥地利维也纳，经荷兰、法国至西班牙，全长3200千米。纵向有两条，一条是丹麦—德国—奥地利—意大利，全长2100千米；另一条是波兰—捷克—奥地利—意大利—南斯拉夫—保加利亚—土耳其—叙利亚—伊拉克—伊朗，全长5000千米。

　　我国高速公路从1984年开始建设，至2013年止，已建成总里数达10.44万千米，居世界首位。第二位是美国，2011年达到75440千米。

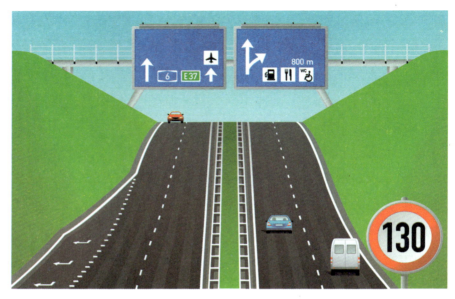

随着世界经济和交通运输的发展，高速公路仍有相当广阔的发展前景。现在世界各国都在竞相研究新技术用于高速公路，同时，新公路还朝着人性化、舒适化方向发展。

拓 展 阅 读

在欧洲的高速公路中，德国最为发达，高速公路总里程为10000千米，法国为6800千米。法国还十分注意保护公路两侧的景观。公路两侧的风景秀丽，令人心旷神怡。

风驰电掣的高速铁路

高速铁路，简称高铁，是指基础设施设计速度标准高、可供火车在轨道上安全高速行驶的铁路，列车运营速度在每小时200千米以上。

在不同国家、不同时代以及不同的科研学术领域，高铁有不同规定。中国国家铁路局将中国高铁定义为：高速铁路是指

设计开行时速250千米以上，并且初期运营时速200千米以上的客运列车专线铁路。

世界上第一条投入营运的高速铁路在日本，即东京至大阪间的新干线。这条耗时7年，花了3800亿日元建成的高速铁路于1964年10月1日通车，全长515.4千米，营运速度达到每小时271千米，营运最高时速达300千米。

日本高铁的建成通车标志着世界高速铁路新纪元的到来。随后法国、德国等国纷纷修建高速铁路。法国于1983年建成全程426千米的巴黎至里昂的高速铁路，最高时速达到318千米。该线投入营运后，给航空公司造成极大威胁。

据说原来乘飞机的旅客中一半都改乘高速铁路列车了。1990年，法国又建成第二条全长308千米的巴黎至勒芒、图尔的高速铁路。

德国是最早制造出高速列车的国家之一，它在发展高速铁路方面颇具优势。1979年代，法兰克福至巴塞尔、汉堡至汉诺威之间的铁路都已实现了高速运行，到21世纪，德国高速铁路的长度已居世界第二，最高时速达409千米。

工业最发达的美国，由于日本和欧洲高速铁路的成功，也奋起直追。但因其航空发达，高铁的需求低，所以只研制了具有美国特色的高速列车，连接了波士顿、纽约、费城和华盛顿，这也是美国唯一一条高速铁路。

我国的高速铁路建设起步较晚，至2008年8月1日，第一条具有自主知识产权、国际水平的高速铁路"京津城际铁路"才正式通车运营。不过，发展势头却非常迅猛，十多年时间内，京广高铁武广段、郑西高铁、沪宁高铁、沪杭高铁、京沪高铁等高速铁路就先后建成通车。

截止2014年，铁路营业里程突破11.2万千米。高速铁路营

业里程超过1.6万千米，居世界第一。

　　中国高铁已成为中国最新科技大幅进军海外的标杆，在海外高歌猛进，凭借高性价比和成功的运营经验，在全球赢得了30%的市场份额。

拓 展 阅 读

　　中国铁路在速度方面上分了三级：即速度为每小时250～380千米的高速铁路、速度为每小时160～250千米的快速铁路、速度为每小时80～160千米的普速铁路。

奇妙魔幻的悬浮式铁路

　　悬浮式铁路是利用压缩空气或电磁感应作用，使车体悬浮在车道的导轨面上运行的铁路。导轨是悬浮式铁路的轨道部分，其结构形式有U形和倒T形两种，一般用混凝土制成。

　　悬浮式铁路与常规铁路最大的不同在哪里呢？常规铁路要使机车的轮子与钢轨接触而产生黏着力，而悬浮式铁路的轮子与钢轨却不接触，中间保持着一定间隙，好像机车悬浮在钢轨

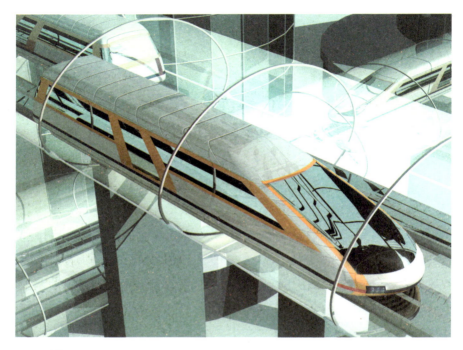

上一样。

　　悬浮式铁路按悬浮方式来分，有气垫式和磁力式两种。气垫式悬浮铁路就是使列车车底面与钢轨之间充气形成气垫，列车悬浮在钢轨之上运行，这就会大大减少运行阻力。据法国人在1969年试验，气垫式列车运行速度达到每小时422千米，这把当时的高速铁路的速度提高了一倍。

　　磁力式悬浮铁路则是利用电磁铁吸引铁板的原理，使列车车体与钢轨间形成一定的间隙，使列车悬浮于钢轨之上运行。这种铁路有常导电磁铁吸引方式和超导电磁铁相斥方式两种。

　　常导电磁铁吸引式铁路是利用磁铁吸铁板原理，在车体底部及两侧倒转向上的顶部分别安装电磁铁，在T形导轨的上方和伸臂部分下方分别设反作用板和感应钢板，控制电磁铁的电流，使电磁铁和导轨间保持10~15毫米的间隙，并使导轨钢板的吸引力与车辆的重力平衡，从而使车体悬浮于车道的导轨面上运行。运行的车辆用感应线性电动机驱动。

　　德国研制的这种列车，速度每小时可达500千米，英国使用磁力式悬浮列车，已在伯明翰市投入试验营运。

　　超导电磁铁相斥式铁路是根据磁铁同极相斥原理，利用车上超导电磁铁形成的磁场与轨道上线圈形成的磁场间的相斥力，使车体悬浮运行的铁路。与这种铁路配套的车辆用同步线性电动机或感应线性电动机驱动。超导磁力式悬浮列车可使列车的运行速度达到每小时500~700千米。

　　磁悬浮列车超导磁力悬浮式列车除了高速度之外，还具有无噪音、无振动、节省能源等特点，是21世纪理想的运输工具。这种最新式高速列车的技术，日本居领先地位。

拓 展 阅 读

　　2002年12月31日，上海磁悬浮列车专线正式投入运营。上海磁悬浮列车是"常导磁吸型"磁悬浮列车，全长29.86千米。设计最高运行速度每小时430千米，是仅次于飞机的飞行时速。这也是世界上第一条商业运营的高架磁悬浮专线。

轨道供电的电气化铁路

　　电气化铁路，简称电化铁路，是指能供电力火车运行的铁路，因这类铁路的沿线都需要配套相应的电气化设备为列车提供电力保障而得名。

　　电气化铁路是伴随着电力机车的出现而产生的，因为电力机车本身不自带能源，需要铁路沿途的供电系统源源不断地为其输送电能来驱动车辆。

　　由于电力机车相比内燃机车有更强的运力优势，所以相同

规模下电气化铁路的运输能力远超过非电气化铁路，成为现代化铁路的主流类型。

显然，电气化铁路跟传统的蒸汽机或柴油机为动力的铁路相比，有明显的优越性。

第一，它的运输能力大。一般来说，电力机车的功率都很大。一般要比内燃机或蒸汽机车大1倍左右。功率大，牵引力就大，就可以加大行车速度，提高运输能力。

第二，它的耗能比较省。电力机车的热效率一般为20%～26%，要高于柴油机的20%和蒸汽机的6%～7%。

第三，运营成本低。正是由于电力机车耗能低，检修维护费用低，使运营成本下降，尤其在长途运输时更为明显。

第四，工作条件好，噪声、污染大为减少，操作简便。

但是，电气化铁路一般所需投资都比较大，所以它在应用上还不如传统的柴油机车和蒸汽机车为动力的铁路普遍。

电气化铁路使用电力机车为动力，那么它的电源从哪里来呢？电力机车上是不安装发电机的，它的电力由电力牵引供电系统提供。这种供电系统由牵引变电所和接触网组成。

来自发电厂的电能，经过牵引变电所变压后，向架设在铁路上空的接触网送电，而电力机车则是从接触网上取电，这有点类似于城市中运行的有轨电车，然后驱动电力机车前进。牵引供电的制式有直流制和交流制两种。鉴于直流制的供电电压难以继续提高，已有被交流制取代的趋势。

中国的电气化铁路一开始就采用了交流制。修建一条电气化铁路，沿线要建许多牵引变电所，单线铁路每60千米就要建一座，双线铁路每40千米就要建一座。由此也可以看出，电气化铁路造价之大。

从1958年第一条电气化铁路开始修建，到2012年12月1日

哈大高铁正式开通，中国电气化铁路总里程在54年突破4.8万千米，超越了原电气化铁路世界第一的俄罗斯，跃升为世界第一位。

拓 展 阅 读

2012年12月17日，我国京九铁路全线电气化改造全部完工。京九线纵贯京、津、冀、鲁、豫、皖、鄂、赣、粤九省市，全程2553千米。改造后的线路，列车时速达每小时200千米，可满足开行双层集装箱列车条件，提高京九铁路整体运能30%左右。

宛如卧龙的城市地铁

地铁是铁路运输的一种形式，指以地下运行为主的城市轨道交通系统，即"地下铁道"的简称。地铁也包括高架铁路或路面上铺设的铁路。

地铁是一种大运量的轨道运输系统，采用钢轮钢轨体系，标准轨距为1435毫米，主要在大城市地下空间修筑的隧道中运行，当条件允许时，也可以穿出地面，在地上或是高架桥上运行。

　　按照选用车型的不同，又可分为常规地铁和小断面地铁，根据线路客运规模的不同，又可分为高运量地铁和大运量地铁。地铁系统的列车编组通常由4~8辆组成，列成长度为70~190米，要求线路有较长的站台相匹配，最高行车速度不应小于每小时80千米。

　　世界上最早的地铁是英国伦敦的大都会地铁，始建于1863年。由于地下铁道具有运量大、不阻塞、低噪音、无污染、安全舒适、节约能源等优点，因此发展很快。现在地下铁道系统已经遍布全世界。

　　1976年，美国旧金山海湾区建成采用全自动操纵的第一条高速地下铁道。同年，具有自动控制系统的华盛顿特区地铁正式开放。

　　带有空调设备的轻型铝车厢由于设计铁轨和车厢支承系统而更加平稳、迅速地运行，建筑美观和乘客安全等因素统一的地下车站也是现代列车和地铁建筑的特色。

1982年，法国建成世界上第一条无人驾驶的地下铁道。列车时速为60~80千米。在人流高峰时，1分钟开出一趟，平常是每5分钟一趟，每天客运量约5万人次。

无人驾驶的地下铁道自动化程度高，驾驶、售票、检票全部采用自动装置。全线只有5名工作人员在控制室内通过2000台电视屏幕进行监控。

控制室的电脑与各站台、车厢内200个微型信息处理机相连。万一发生故障，遥控系统可令列车减速或停车。一般故障由控制中心排除，特殊故障才到现场处理。

此外，每个车站都装有双重安全系统，站台门只有车门打开时才开启，以保证安全。如果车厢内有人犯罪，乘客可随时用车内电话与控制中心联系，遥控系统可令车门锁上，把车一直开到有40名警察的特种警卫车站，然后处理事件。

　　我国第一条地铁线路，即北京地铁一期工程于1969年10月1日正式运营，截至2017年末，中国大陆，不含港澳台地区共开通线路165条，运营线路长度达到5033千米，已经成为世界上规模最大的地铁网路。

拓 展 阅 读

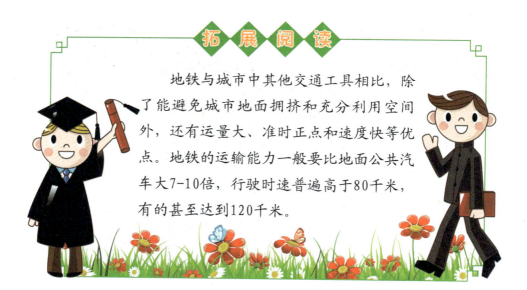

　　地铁与城市中其他交通工具相比，除了能避免城市地面拥挤和充分利用空间外，还有运量大、准时正点和速度快等优点。地铁的运输能力一般要比地面公共汽车大7-10倍，行驶时速普遍高于80千米，有的甚至达到120千米。

环保养眼的新式公路

在公路的修建和运营中，大量采用高新技术，使公路得到极大的发展，除高速公路外，还出现了各种公路，这些公路既环保，又养眼，深受人们欢迎。

生态公路

德国、新加坡等国修建的一种公路。公路的路面也是用混

凝土铺成，但在路面上有许许多多分布均匀、疏密适中的小圆洞，这些小圆洞直通路面下的土层，在小圆洞中播种草籽，很快就从小圆洞中长出绿草，使公路一片翠绿，并成为草坪公路。

草长出来以后并不需要人修剪，因为草长得比路面高时，高出的部分便会被车轮辗折，但草不会被辗死。这种公路70%的路面长有绿草，一方面减少了太阳光的反射，减少了司机疲劳，保证了交通安全，另一方面可以减少汽车废气对空气的污染。

地毯公路

前捷克斯洛伐克成功地利用聚丙烯材料混合制成一条1厘米厚的带状"地毯"，将"地毯"覆盖在平坦的路面上，形成一条地毯公路。这种公路寿命长、造价低、耐腐蚀，还可以减轻车轮的磨损。

无噪声公路

前捷克科学家设计出的一种公路。在沥青路面上再铺上一层消振层，可以消除汽车行驶中产生的强烈振动和噪声。

橡胶公路

加拿大有一种公路，用旧轮胎和橡胶废料加工出来的橡胶颗粒，拌上沥青铺在路面上，路面有弹性、耐压，夏天不会被

烈日晒软，冬天不会结冰。

彩色公路

法国巴黎东北有一段20千米的彩色公路，提醒司机，这段道路危险，应谨慎驾驶。

防水公路

美国加州一号公路采用了一种新型的沥青路面，其中掺入了碾碎的旧车轮橡胶，在路表面和路层中都留有许多彼此相通的小洞。在下雨的天气里，这种公路中的小洞可以迅速排除雨水，因而成为一条名副其实的吸水、防水公路。

电磁公路

在公路下埋置一种电磁感应系统，该系统用钢板制成凹槽，槽内铺设几条电力电缆即可。行驶在电磁公路上的电气车需安装电磁耦合装置，通过这个装置，可从地下电磁感应系统获得100千瓦的电力动力，使电气车向前行驶。电气车上有蓄电池，充电后可以脱离电磁公路行走一定距离。一般汽车在电磁公路上也可以照常行驶。

五彩公路

挪威采用聚苯乙烯制成塑料砖，铺成了新型的塑料公路，五彩缤纷的图案非常好看。它的寿命可达20年，而且还富有弹性，不会出现路面断裂、塌陷的现象。

夜光公路

芬兰铺设的一种用发光水泥建造的公路。这种水泥利用白天的阳光及夜间灯光存储一定能量，夜晚发出光来，显示出道路的各种标志，划分车道和区分路段，便于夜间行车，减少夜间的行车事故。

移动公路

它是英国的一种公路，用金属连接而成，装在专用的平板卡车上，能伸缩。哪里路面坏了，卡车就赶到哪里，作为应急之用。可通过50吨的载重汽车。

世界性高速公路

正在筹划修建的跨世纪公路。这一干线工程全长1.8万千米，从巴黎到纽约，中途经过汉堡、明斯克、莫斯科、叶卡捷琳堡、伊尔库茨克到楚科奇半岛，有隧道或桥梁通过白令海峡进入阿拉斯加。

这条横贯欧洲、亚洲、美洲的洲际公路，还有两条支线：一条是从叶卡捷琳堡至哈萨克斯坦、印度、中国再到朝鲜；另一条由伊尔库茨克至海参崴、东亚各国，全线穿越四十多个国家，能为25亿人提供方便，预计耗资3500亿美元。

拓 展 阅 读

为了保护环境，日本建造了一种别致的"环保路"。这种环保路是在各个车道之间以及公路两侧都种植2米宽、3米高的树墙，浓密的树荫可以用来防止废气扩散，最后达到环保的目的。

美丽如画的彩色沥青路

　　彩色沥青路面，全称是彩色沥青混凝土路面，它是指脱色沥青与各种颜色石料、色料和添加剂等材料在特定的温度下经混合拌和，配制成各种色彩的沥青混合料，再经过摊铺、碾压而形成具有一定强度和路用性能的彩色沥青混凝土路面。

　　彩色沥青，又叫彩色胶结料，是筑路材料的一种，主要有

两种：一种以无色胶结料加色粉，无色胶结料可以是由沥青脱色而得，也可以由石油树脂等浅色聚合物调配而得；一种是通过沥青直接改性而得，这种胶结料具备沥青的抗老化能力强的特点，颜色为棕红色。

常见的是第一种，沥青可添加红色、黄色、绿色、蓝色、灰色、棕色等多种专用颜料改变地面的颜色。但其中通过黑色沥青直接脱色生产无色胶结料的工艺已基本被淘汰。

彩色沥青铺装主要适用于绿道、自行车道、步行道、景观园林道路等各类慢行系统及景观道路的铺装。这种路面实用环保，美丽如画，具体应用范围如下：

改性彩色沥青路面：采用改性彩色沥青胶结料、矿物颜料、相同色系的石料、特种添加剂等，经专业设备热拌、摊铺、压实。色彩鲜艳不退，路面经久耐用。

高弹性彩色沥青广场：采用特别改性的高弹性彩色沥青胶结料、矿物颜料、特种添加剂、特殊的矿料级配，经专业设备热拌、摊铺、压实。其高弹性来自工程的整体结构而非塑胶工程的表面，是塑胶广场的换代产品。

反光彩色沥青路面：在彩色沥青路面施工中，采用专用设备向表层加入反光材料。铺筑的路面在灯光照射下呈现鲜艳的彩色，不仅为夜行提供方便，更是一道独特的夜间风光。

彩色沥青道路避免了普通沥青路面黑色的单调性，便于区分机动车道和非机动车道。和普通沥青路面相比，它的摩擦系数高，具有防滑作用。当司机遇到紧急情况刹车时，彩色路面可以防止车辆侧滑。

同时，由于彩色沥青的轻质馏分挥发极少，污染比黑色沥青大大减少。加上有着发达的空隙，能起到吸声材料的作用。

如轮胎底部空气压缩而后释放产生的"声爆"音就可以得到有效的抑制。

值得一提的是，彩色沥青路面还能像海绵一样吸水。压实后的路面空隙率在18%~25%，这种空隙在下雨天能迅速排除道路表面积水，防止路表水膜的形成。

拓展阅读

彩色沥青路面具有良好弹性和柔性，"脚感"好，最适合老年人散步，且冬天还能防滑，再加上色彩主要来自石料自身颜色，也不会对周围环境造成大的危害。

纵横交错的城市立交桥

　　立交桥，是现代交通的产物。它是指不在一个平面上的道路路口，将互相冲突的车流分别设置在不同高度的道路上，呈立体交叉形式，保证了车流互不干扰，畅通无阻。

　　立交桥主要由三部分组成：立交桥、引道和坡道。立交桥是指从上面跨越道路的跨路桥或是从下面穿过道路的地道桥；引道是指道路与立交桥相接的桥头路；坡道是指道路与立交桥

下路面连接的路段。

　　立交桥的类型有分离式和互通式两种。分离式立交桥是最简单的立交桥。它仅修建立交桥，使直行的车流不受阻拦，但不能互相连通。而互通式立交桥，设有连接上下相交道路的匝道，各路车流可以通过匝道转向行驶。

　　这种互通式立交桥还分为完全互通式和部分互通式两种。结构形式多种多样，造型美观，有二层、三层、四层，甚至五层，气势雄伟，是现代化城市一大景观。如果在空中向下鸟瞰，更是赏心悦目。

　　世界最早的立交桥是1928年，美国新泽西州建的苜蓿叶式

的立交桥，它属于完全互通式的立交桥，一天24小时可通行62500辆汽车。它的出现，更加速了汽车时代的到来，以后随着汽车数量的增多，高速公路的发展与城市交通的现代化，立交桥风行世界。

我国的立交桥最早出现于广州，那是1963年建成的。而北京出现立交桥是20世纪70年代的事，在1979年以前，只有复兴门、阜成门、建国门3座立交桥。而截至21世纪初，全市已有立交桥178座，居全国之冠。

北京立交桥是与主要道路工程相配套而建设起来的。众所周知的二环路，是北京拆除旧城墙建设环线地铁而出现的。全

路长23.7千米，沿路有20座立交桥。其中的玉蜓桥蔚为壮观，犹如一只巨大的蜻蜓落在河岸，展翅欲飞。

这座立交桥包括跨线主桥和10余座匝道桥、通道桥、地道桥及双层跨河桥，是三层互通式立交桥。北京三环路位于二环路外围，全长48.4千米，沿线共建有45座立交桥。使全线消灭红绿灯并成为快速环路，车速每小时80千米，断面每小时车流量由改造前的3000辆提高到8000辆。

三环路上另一座立交桥菜户营立交桥则创造了桥梁最多的纪录。该桥共有桥梁22座，占地面积达28.5公顷。

南国城市广州于1983年12月2日建成的区庄立交桥，是我国最早出现的四层立交桥。该桥第一层为四车道机动车直行线；第二层为非机动车及人行平面交叉；第三层为机动车转变环形立交桥；第四层为机动车高架桥。设计最大通行能力为：机动车每小时7000辆，自行车每小时30000辆。

上海的内环线立交桥于1994年12月全线通车，这是中国规模最大、设施最全、功能最完善的城市高架快速干道系统。全线长48千米，由浦西段、浦东段和南浦、杨浦2座大桥组成。浦西段全长29.2千米，为连续高架道路，路宽18米，双向四车道，设计时速80千米。

立交桥，城市现代化交通的标志，随着我国国民经济的发

展，我国的城市还会涌现更多的造型新颖、宏伟壮观的立交桥，使城市的交通更加便捷顺畅。

拓 展 阅 读

立交桥的出现，消除了原平面上不同方向或类型的车辆冲突，使人和车分流，车和车分流，起到交通枢纽作用，节约人和车通行的时间；保障人、车安全；同时也美化了城市的环境。

琳琅满目的汽车家族

　　汽车，作为现代文明的宠儿，现代交通运输的主角，与人们的生活密切相关。随着社会的发展，人类对汽车的依赖性越来越大，据密歇根大学交通研究所的最新数据，在号称小汽车王国的美国，2016年人均拥有汽车已达0.766辆，家庭平均拥有汽车1.968辆。

　　也就是说，美国平均3个人就拥有2辆汽车，而每个家庭都有将近2辆汽车。汽车的走俏，也导致了汽车行业的蓬勃发

展，截止2018年，全球知名的汽车品牌就达70多个，年产量达到9730万辆。

在这庞大的汽车生产厂家中，宝马、克莱斯勒、戴姆勒、菲亚特、福特、通用汽车等企业是最显赫的汽车家族。

宝马公司是德国巴伐利亚机械制造厂股份公司的简称，1916年成立于德国慕尼黑，20世纪30年代就制造出了世界上最好的跑车和豪华轿车，70年代，它再度成为世界高性能和豪华轿车市场上的主角之一，并一直延续至今。

克莱斯勒汽车公司，美国第三大汽车制造企业。主要生产道奇、顺风、克莱斯勒等品牌汽车。克莱斯勒汽车也许在中国还没有奔驰、宝马那样耳熟能详，但是在其八十多年的发展当中，却和通用、福特一起，成为美国市场以及国际汽车市场上的著名品牌。

　　戴姆勒集团是戈特利布·戴姆勒和卡尔·本茨于1886年创建的世界汽车史上举足轻重的公司，位于德国斯图加特，是全球最大的商用车制造商，全球第二大豪华车生产商，公司旗下生产的梅赛德斯-奔驰汽车、梅赛德斯-奔驰轻型商用车、戴姆勒载重车驰名全世界。

　　菲亚特汽车公司始建于1899年7月意大利都灵市，创始人是乔瓦尼·阿涅利，世界十大汽车公司之一，其轿车部门主要有菲亚特、法拉利、阿尔法和兰旗亚公司。菲亚特公司所产的车型繁多，阿尔法·罗米欧系列便是其中的佼佼者。

　　福特汽车公司是美国最大的工业垄断组织和世界重要跨国企业之一。1908年福特汽车公司生产出世界上第一辆属于普通百姓的汽车，即T型车，世界汽车工业革命就此开始。一百年后，福特汽车公司全球雇员达24.5万，制造和装配业务的近100家工厂遍及全球，产品行销全球6大洲200多个国家和地区。

通用汽车公司于1908年9月16日由威廉·杜兰特创建，在全球生产和销售包括雪佛兰、别克、GMC、凯迪拉克、宝骏、霍顿、欧宝、沃克斯豪尔以及五菱等一系列品牌车型并提供服务。2014年，通用汽车旗下多个品牌全系列车型畅销于全球120多个国家和地区。

拓 展 阅 读

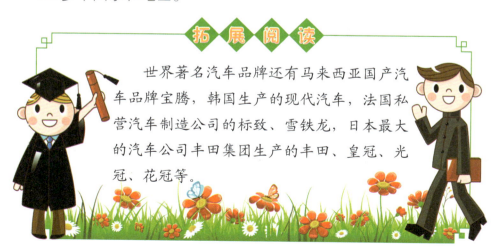

世界著名汽车品牌还有马来西亚国产汽车品牌宝腾，韩国生产的现代汽车，法国私营汽车制造公司的标致、雪铁龙，日本最大的汽车公司丰田集团生产的丰田、皇冠、光冠、花冠等。

豪华安全的元首座车

　　国家元首使用的官方汽车是由各国政府提供给元首的特定座驾。元首乘坐的汽车标准，主要特点是有足够的安全性，性能高强和形象威严。这类汽车也可以作为一个国家和国家元首的标志。

　　美国总统特朗普乘坐的凯迪拉克车长5.5米，重8吨，车窗由五层特殊玻璃制成，车门加装了20厘米厚的钢板，可抵挡穿

甲弹及生化武器的攻击。

车内还配备了实木酒柜、独立加强型冷暖气系统、DVD播放器、剧院环绕音效和超大LCD屏幕，不仅宽敞舒适、安全可靠，而且有两套双向无线电通话设备和先进的信息控制中心，可随时处理公务。

俄罗斯总统普京的座驾是ZIL汽车公司制造的总统专车，车身长达7米，巨大的后门可以开启90度角，方便总统出入，而车内的空间也是异常宽敞。该车的亚光喷涂，实际上是一层隐身材料，可以有效防止雷达的跟踪。在防弹方面，该车可以抵御小型火箭弹和地雷的攻击。

英国前首相布朗的专车是一款全新的"宝马760"型防弹车。该车造价高达200万英镑，具备"全天候"的防御功能：

防弹挡风玻璃可以自由拆卸，以便车主在紧急情况下跳窗逃生；坚固的防弹装甲使得车身即使在遭遇路边炸弹的情况下，也可安然无恙。

"宝马760"独有的"远程点火"装置，使司机可以从137米之外启动发动机，这样就可安全检测出汽车点火装置是否被人暗设了爆炸物，从而有效避免车毁人亡的危险。另外，该车还装有预防生化武器装置。

德国总理默克尔的专属座驾是一台奥迪防弹车。这辆总统专车整个车身均用特质钢板制成，乘客座舱更是由钢、玻璃以及芳纶混合而成，一般的外部袭击几乎不会对车厢内的乘坐区域造成任何威胁。该车还有一项非常"人性化"的设计，太阳能天窗能够自动将太阳光转化为电能，从而自动启动车内温度调节系统，使车内始终保持体感的最佳温度。

法国新任总统马克龙的座驾则比较随性，马克龙选择的是雪铁龙旗下的豪华品牌DS 7，当年戴高乐总统乘坐DS 19曾因其

可靠的品质躲过了一劫，当今这辆DS 7，性能更加优越，防弹能力已不是当年的DS 19可比，配置方面更是将现代高科技元素如ACC自适应巡航系统、自动驾驶辅助系统、通信系统和夜视系统集于一身，能够在任何恶劣的环境下自由行驶。

拓展阅读

由于乘客特殊，元首座驾所要求的安全性能极高，它们在很大程度上要起到保障和保护作用。因此，这类车辆除了舒适性外，最重要的是坚固性能。所以，无论哪一位元首的座驾，都无一例外地要由生产商或市场专家安装加厚装甲和防扎轮胎。

能飞起来的空中轿车

美国一家航空器公司制造出一种"空中"轿车。这种轿车的"翅膀"很短。这样它在地面当汽车用时,"翅膀"不必拆除或折叠起来,在高速公路上行驶时十分方便。如果想升空的话,只需要把汽车发动机开到全功率,"空中轿车"在公路上疾驰375米便可腾空而起,像飞机一样飞行。

　　美国研制的这种"空中轿车"有两个型号：双座型和四座型。双座型的重量为600多千克，四座型的约为1.3吨重。飞行速度为每小时300~500千米，航程为1200~1600千米，续航时间为3~4小时。

　　该轿车装备了陆地空中两套驾驶与控制系统。如果在陆地上跑，就用"陆地挡"，车前的螺旋桨静止在水平位置，发动机驱动车轮旋转在陆地上奔驰。如果在天上飞，就打开"飞行挡"，螺旋桨就旋转，拉着"空中轿车"在空中飞翔。

　　"空中轿车"的车轮像飞机的起落架一样，是可以收放的，在天上收上去，在地面又放下来。空中轿车的仪表是两用的，而对驾驶员来说，则必须具有陆地驾车执照和飞行执照才行。

　　另外，美国还研制出另一种"空中轿车"。这种被称为武勒400型的车，飞行时速可达600千米，乘载4人，航程为1500千米。该车的设计很有特点：它使用可旋转的类似百叶窗的叶片，把发动机的推力引向天空，汽车便会升起；汽车升空之后，如果把叶片放横，汽车还可平飞。

　　该车装备4台发动机，只有2台是活动的，所以维修比较方便。即使发动机全部失灵，凭借车上装备的降落伞也可以安全降落。

　　美国制造空中轿车的发明人莫尔顿·泰勒说，他已发明了一套自动驾驶自动导航系统。驾驶员只需按按钮，轿车就被自动驾驶，而人可以优哉游哉地睡大觉或看电视！

　　为了解决空中轿车的空中交通问题，武勒还设计了一系列

看不见的天空公路。用电脑来计算，空中轿车再多也不会相撞。当然这种天空公路是没有交通警察，也没有红绿灯的。

拓 展 阅 读

　　最早的"空中轿车"是美国人莫尔顿·泰勒在1946年制造的，并且在1949年拿到了上路行驶的许可。该车装备了一台4缸5.2升排量的发动机，在飞行时，发动机通过驱动车身后部的一个螺旋桨来提供推力。

无人驾驶的智能汽车

　　无人驾驶汽车是智能汽车的一种，也称为轮式移动机器人，主要依靠车内的以计算机系统为主的智能驾驶仪来实现无人驾驶的目标。

　　这种汽车装备了完备的电子计算机系统和电视摄像机。它的前座上可以没有司机，而在后座上坐着乘客。汽车像有人驾

驶一样运行自如，甚至比最熟练的司机更为在行。

它沿着马路行驶，如果突遇障碍物，汽车会自动刹住，而当障碍物移走时，它又恢复行驶，疾驰而去，直到自动地行进到目的地停止。

那么这种无人驾驶汽车是如何运行的呢？无人驾驶汽车在它的右前方，装上了两台摄像机，它代替了司机的眼睛，观察着前面的交通情况，然后把这些信号输给计算机进行处理。

计算机经过处理后，再发出相应的指令，指令会驱动汽车的车轮，要么刹车，要么转弯，要么减速，要么增速，一切都

得心应手，坐在汽车里的乘客完全不必担心。因为计算机的精确度不知要比人的操纵高出多少倍。

实际上，安在汽车里的电脑就是"驾驶员"，一辆无人驾驶的汽车就是一个会快跑的机器人。当然，现在这种电脑汽车还不十分完善，例如对于复杂气象、阴天和夜间，它还不灵，主要是摄像机还难以判定这种情况。

但是，随着科学技术的发展，将来更先进、更完备的电脑汽车肯定会出现的。将来会有一天，人们利用汽车代步出门，只需把要到达的目的地和时间等信号输入汽车上的计算机，你和你的伙伴便可以在车厢里安全舒适地到达自己要去的地方。

　　如果每部汽车成为计算机系统的一个终端的话，那么数百万辆的汽车都可以由容量庞大的巨大计算机来管理，数百万辆汽车在地面上的运动将由统一的交通指挥中心来调度，这该是多么壮观、奇异的场面！

拓展阅读

　　现代智能汽车是利用车载传感器来感知车辆周围环境，并根据感知所获得的道路、车辆位置和障碍物信息，控制车辆的转向和速度，从而使车辆能够安全、可靠地在道路上行驶。

没有污染的电动汽车

电动汽车，就是以电源为动力的汽车，它并不是什么新玩意儿。早在1873年，英国人就制成了世界上第一辆有实用价值的电动汽车，1892年美国人也制成了电动汽车并在芝加哥展出。到1915年，美国电动汽车的产量超过了内燃机汽车，达5000辆。

但是以后，电动汽车就逐步被内燃机汽车所取代。其主要原因是电动汽车所用的蓄电池笨重，能量低，充电时间长，使用时间短的缘故。但当内燃机汽车大量发展所造成的公害日益严重时，人们才又想起了电动汽车。

这并不是历史的简单循环，新型的电动汽车必须克服过去电动汽车的缺点才会有新的生命力。电动汽车与内燃机汽车相比，其优点是明显的。它依靠蓄电池作为动力，电能的来源非石油一家，水力、火力、风力、沼气均能发电。

电动汽车的效率比内燃机汽车高5％。蓄电池的充电可选在夜间电网低峰时刻，另外，它还有一个最大的优点是不产生废气，不必担心污染问题，而且电动汽车的噪声也要比内燃机汽车低5-10分贝。

　　电动汽车发展的关键在于改善蓄电池的性能，使之能量大、寿命长、成本低。世界工业发达国家都在竞相研制新型蓄电池。美国研制出的一种蓄电池，一次充电可行驶300千米以上，时速可达180千米。

　　日本制成了一次可连续行驶300千米的电动汽车。我国深圳五洲龙汽车有限公司生产的"五洲龙"牌电动汽车，采用160WH/Kg高性能磷酸铁锂动力电池，一次充电后的续航里程也已突破300千米。

　　在世界上，电动汽车技术领先的是日本。其发展思路是把电动机与汽油发动机结合在一起为动力，在市区行驶时用电动机系统，在郊外公路上使用汽油发动机，这种车可以省汽油25%，还能减少对市区的污染和噪声，具备了两种汽车的优点。

　　电动汽车的发展还会带来一系列新兴产业的繁荣，如电池制造、充电器、充电站、电动机制造业等，当然也会对传统产业造成冲击，如遍布世界各地的加油站的命运就是一个问题。从发展方向上看，未来的汽车必定属于电动汽车。

拓 展 阅 读

　　电动汽车与传统汽车相比，具有以下优点：一是零排放或近似零排放；二是减少了机油泄漏带来的水污染；三是降低了温室气体的排放；四是提高了燃油经济性；五是提高了发动机燃烧效率；六是运行平稳、无噪声。

前景广阔的混合动力车

　　混合动力汽车是指车辆驱动系统由两个或多个能同时运转的单个驱动系统联合组成的车辆，车辆的行驶功率依据实际的车辆行驶状态由单个驱动系统单独提供或多个共同提供。

　　我们通常所说的混合动力汽车，一般是指油电混合动力汽车，即采用汽油机和电动机，或者柴油机和电动机作为动力源，也有的发动机经过改造使用其他替代燃料，例如压缩天然气、丙烷和乙醇燃料等。

混合动力电动汽车的动力系统主要由控制系统、驱动系统、辅助动力系统和电池组等部分构成。现以串联混合动力电动汽车为例，介绍一下混合动力电动汽车的工作原理。

在车辆行驶之前，蓄电池处于电量饱满状态，其能量输出可以满足车辆要求，辅助动力系统不需要工作。但是当电池电量低于60%时，辅助动力系统就会自动启动。

如果车辆能量需求较大，辅助动力系统与蓄电池组会同时为驱动系统提供能量；如果车辆能量需求较小时，辅助动力系统在为驱动系统提供能量的同时，还给蓄电池组进行充电。由于蓄电池组的存在，使发动机工作在一个相对稳定的工况，使其排放得到改善。

混合动力汽车采用能够满足汽车巡航需要的较小发动机，依靠电动机或其他辅助装置提供加速与爬坡所需的附加动力。其结果是提高了总体效率，同时并未牺牲性能。

　　混合动力车设计成可回收制动能量。在传统汽车中，当司机踩制动时，这种本可用来给汽车加速的能量作为热量被白白扔掉了，而混合动力车却能大部分回收这些能量，并将其暂时贮存起来供加速时再用。

　　当司机想要有最大的加速度时，汽油发动机和电动机并联工作，提供可与强大的汽油发动机相当的起步性能。在对加速性要求不太高的场合，混合动力车可以单靠电机行驶，或者单靠汽油发动机行驶，或者二者结合以取得最大的效率。

　　比如在公路上巡航时使用汽油发动机。而在低速行驶时，可以单靠电机拖动，不用汽油发动机辅助。即使在发动机关闭时电动转向助力系统仍可保持操纵功能，提供比传统液压系统更大的效率。

　　混合动力装置既发挥了发动机持续工作时间长，动力性好

的优点，又可以发挥电动机无污染、低噪声的好处，二者取长补短，汽车的热效率可提高10%以上，废气排放可改善30%以上。

随着世界各国环境保护的措施越来越严格，混合动力车辆由于其节能、低排放等特点成为汽车研究与开发的一个重点，并已经开始商业化。

拓展阅读

根据混合动力驱动的联结方式，一般把混合动力汽车分为三类，就是串联式混合动力汽车、并联式混合动力汽车和混动式混合动力汽车。

新颖快捷的高速列车

1964年，日本在东京至大阪间建成世界上第一条高速铁路，即日本东海道新干线。10月1日，正值第十八届奥林匹克运动会开幕的日子，世界铁路史上最快的列车开始运营了，乳白色"弹丸号"列车好像飞梭似的行驶在铁路线上。

"弹丸号"列车每小时行驶210千米，车内设备舒适，车

站上现代化设备的控制及监视作用都令人耳目一新。日本东海道新干线高速铁路的成功，引发了世界高速铁路热，使铁路走进了高速时代。

日本后来又建成了山阳新干线、东北新干线、上越新干线。现在日本的高速列车速度已达每小时270千米，最高的已达每小时350千米。

日本高速铁路运营三十多年，运送旅客四十多亿人次，旅客转运量是全国的1／3，但却保持着死亡事故为零的纪录，这在铁路运输安全方面是一个空前的纪录！

我国的高铁起步较晚，但在短时间内取得了惊人的成就。2008年8月1日，我国第一条高速铁路120千米长的京津城际铁路开通运营。

　　这条设计时速每小时350千米的高速铁路，将北京和天津两大直辖市紧紧相连。这也是我国第一条设计时速大于和等于300千米的高速铁路。

　　第二条高速铁路是武广高铁。2009年12月份武广高铁开通运营。一年后的2010年10月26日，沪昆高铁的沪杭高速铁路段正式通车运营，这是2010年继郑西客运专线、沪宁城际之后开通的又一条设计时速350千米的高速铁路。至此，我国投入运营的高速铁路营业里程已达到7431千米，居世界第一位。

　　2010年11月15日，京沪高速铁路全线铺通。该线路贯穿北京、山东、上海等7省市，新建铁路全长1318千米，设计时速350千米，并有全线提速至每小时380千米的预留空间，是世界上一次建成线路里程最长、标准最高的高速铁路。

　　截止2016年，我国高铁运营里程超过2.2万千米，占全球高铁运营里程的65%以上。

拓 展 阅 读

　　高速列车属于现代化的高速交通工具，是火车顶尖科学技术的集中体现，可以大幅提高列车旅行速度从而提高火车运输效率。它的特点是快捷舒适、平稳安全、节能环保。

先进舒适的动车组列车

　　动车组列车，由至少两节带驱动力的车厢，简称动车和若干节不带牵引力的车厢，简称拖车共同组成。相比大多数传统列车，动车组具有牵引力大、加速度快以及无需更换火车机车等多种优点，广泛用于各种高快速铁路和城市轨道交通中。

　　动车组有两种牵引动力的分布方式，一是动力分散，二是动力集中。前者是每个动车带若干拖车，后者是若干动车并列。但实际上，动力集中式的动车组，有两种：一种严格上来

说只能算是普通的机车与车辆模式的翻版再升级；另一种为纯动车组。一般列车用分散式。

动力分散电动车组的优点是：动力装置分布在列车不同的位置上，能够实现较大的牵引力，编组灵活。由于采用动力制动的轮对多、制动效率高，且调速性能好、制动减速度大，适合用于限速区段较多的线路。

动力集中的电动车组其优点是动力装置集中安装在2-3节车上，检查维修比较方便，电气设备的总重量小于动力分散的电动车组。其缺点是动车的轴重较大，对线路不利。

动车组在两端都有驾驶室，列车掉头时无需先把机车在一端脱钩后再移到另一端挂钩，大为加快运转的速度。同时亦减少车务人员的工作及提高安全。机车亦可以用推拉操作达到一样的效果。

　　动车组还可以容易组合成长短不同的列车。有些地方的动车组会先整成一列，到中途的车站分开成数节，分别开向不同的目的地。因为动车组运转快、占地小。

　　各国著名的动车组有：日本新干线列车、德国"ICE"、法国"TGV"、"欧洲之星"、瑞典"X2000"、美国"ACELA"和中国"CRH"等。

　　其中，法国"欧洲之星"最高时速每小时300千米，从巴黎到伦敦全程只需3小时。它精心设置了悬浮减震设备和低噪声的空调设备，各包厢宽敞明亮，带给旅客快捷、舒适与方便的旅行感受。

　　我国的"CRH"动车组，又称"和谐号"动车组，主要有低速和高速两种。低速动车组主要用于市郊铁路、地铁、轻轨等城市轨道交通，时速在160-250千米；高速动车组列车是时

速不低于250千米的G字头列车、京津城际C字头列车动车组。

我国动车组充分体现了人性化设计理念，进一步优化了旅客界面与司乘界面，在乘车空间、空调系统、行李架设置、车厢照明、无障碍设施、节能环保等方面做了改善。

拓展阅读

CRH动车组是我国引进国外技术、联合设计生产的车辆。2017年6月26日，我国自主研发的标准动车组"复兴号"动车组列车组于京沪高铁首发，标志着我国高速列车的生产运营达到国际先进水平。

超过飞机速度的飞行列车

　　飞行列车，全名叫高速飞行列车，又叫超级高铁，是利用低真空环境和超声速外形减小空气阻力，通过磁悬浮减小摩擦阻力，实现超声速运行的运输系统。

　　高速飞行列车的运行速度相比传统高铁提升了10倍，相比现有民航客机提升了5倍，最大速度可达到每小时4000千米。广州距离北京约2100千米，根据这一速度，广州到北京仅需要半小时。

　　截止2017年8月，世界上对外宣布开展大于每小时1000千

米运输系统研究的公司主要有三家，其中有两家是美国公司，另一家则是中国航天科工集团公司。美国的公司起步早，但中国企业起点高，是全球首个提出超声速地面运输系统的集团公司。

早在2014年6月，美国硅谷投资人设立的"超级高铁公司"就已正式启动。2016年5月12日，"超级高铁公司"在内华达州的沙漠里进行了超级高铁的试验，并在启动后2秒钟达到了180千米的时速。经过两年的测试与试验，该公司宣布超级高铁的轨道已经接近成品。

2018年2月，美国著名企业家、"科技狂人"埃隆·马斯克获得华盛顿政府的批准，可以在纽约和华盛顿特区之间挖掘一个地下隧道，建设超级高铁。

埃隆·马斯克的计划是，超级高铁建成后，时速达到1220千米，每40秒发车一次，每日运送16.4万名乘客。3年后形成

实际运力，10年后建成连接全美重要城市的超级高铁网络，这样美国任何两个最远的城市之间的旅行时间将不超过4小时。他们的计划，正在有条不紊地推进中。

美国超级高铁的车身被设计成胶囊状。与传统高铁在陆地上行驶不同，超级高铁在封闭的管道中运行，速度比波音飞机还快。

中国高速飞行列车项目按照最大运行速度每小时1000千米、2000千米、4000千米三步走的战略逐步实现：第一步通过每小时1000千米运输能力，建设区域性城际飞行列车交通网，第二步通过每小时2000千米运输能力，建设国家超级城市群飞行列车交通网，第三步通过每小时4000千米运输能力，建设"一带一路"飞行列车交通网。

中国航天科工集团公司在该工程项目实施上注重发挥各方面优势建立国家队，联合国内外20多家科研机构，成立了国内

首个国际性高速飞行列车产业联盟，团队拥有相关领域200多项专利。

2017年8月，中国航天科工集团公司正式宣布开始进军时速为千千米级的"高速飞行列车"的项目。其中，"高速飞行列车"未来速度的最高目标是每小时4000千米。

拓 展 阅 读

高速飞行列车不仅能拉近城市之间的时空距离，还具有不受天气条件影响，不消耗化石能源，可与城市地铁无缝接驳等诸多优点，是未来交通领域的发展趋势和技术制高点。

真空航行的磁悬浮式火车

　　传统的铁路，属于轮轨粘着式铁路，即车辆的车轮，在钢轨顶面上借助轮轨间的黏着力运行。这种铁路随着机车车辆速度的提高，轮轨间的黏着力会逐渐减小，车辆的走行阻力会逐渐增大。

　　当车速达到极限值，即每小时350~400千米时，车辆的走

行阻力将大于轮轨间的黏着力，车轮就会空转，速度就不可能再提高。

为了克服这一障碍，20世纪60年代初，有些国家开始研究非粘着式超高速铁路。这种铁路有气浮式和磁浮式两大类。气浮式又称气垫式，是利用压缩空气使车体底面和导轨之间形成空气层，即气垫，依靠气垫的悬浮力，使车辆悬浮于导轨面的空气层上运行。

磁悬浮式又称磁垫式，是依靠直线电机驱动磁力悬浮、电磁导向的一种铁路方式。磁浮铁路具有诸多优势，如速度高、能耗低、噪音小、启停快、不受气候影响、安全可靠等。

磁悬浮列车的众多优点，都来自它的一个基本优点，即它消除了车轮与钢轨的摩擦。它不用常见的发动机，完全靠磁力

运行。既没有在轴套中旋转的轴，又没有摩擦和撞击着轨道的车轮。也就是说不需要花相当大的费用，定期更换易磨损部件。

因为不需要消耗动力去克服摩擦力，不仅能有效地利用能量，把列车从噪音和振动中解放出来，而且还能进一步实现列车的高速化。它的维修费月，相对来说也比较低。

常规高速列车必须进行连续监测，防止轨道上出现微小缺陷，因为这种缺陷能引起列车出轨。磁悬浮列车却不同，它只有一条单轨，因轨道表面粗糙，不改变磁场不会带来任何问题。

虽说它是地面交通工具，但它并不在地面上行驶，而是离

开地面轨道，悬浮在一种看不见的"磁垫"上飞驰，因而被人们誉为会"飞"的列车。

20世纪70年代以后，德国、日本、美国等国家相继开展了磁悬浮运输系统的研发。1984年4月，英国从伯明翰机场到火车站之间600米长的磁悬浮运输系统正式运营，旅客乘坐磁悬浮列车从机场到火车站仅需90秒。

1995年，日本载入磁悬浮列车试验时的时速高达411千米，1997年12月在山梨县的试验线上创造出时速为550千米的世界最高纪录。

　　德国在2005年率先建成世界上第一条磁悬浮铁路。这条从柏林至汉堡全长为285千米的磁悬浮铁路，平均时速为250千米，最高时速可达400千米，人们乘坐磁悬浮列车仅需1小时便可从柏林到达汉堡，比乘坐的高速列车节约2小时。

　　我国第一辆买自德国的磁悬浮列车于2003年1月开始在上海磁浮线运行。上海磁悬浮列车是世界上第一段投入商业运行的高速磁悬浮列车，设计最高运行速度为每小时430千米，仅次于飞机的飞行时速。

　　2016年5月6日，首条具有完全自主知识产权的中低速磁悬浮商业运营示范线长沙磁浮快线开通试运营。该线路也是世界上最长的中低速磁浮运营线。

　　2018年6月，我国首列商用磁悬浮2.0版列车在中车株洲电力机车有限公司下线。2.0版列车设计时速为中低速160千米，并采用三节编组，最大载客500人。此外，车辆牵引功率提升30%，悬浮能力提升6吨。

拓 展 阅 读

　　磁悬浮列车利用"同名磁极相斥，异名磁极相吸"的原理，让磁铁具有抗拒地心引力的能力，使车体完全脱离轨道，悬浮在距离轨道约1厘米处，腾空行驶，创造了近乎"零高度"空间飞行的奇迹。

美观省地的单轨列车

　　单轨列车就是只使用一条轨道行驶的列车，单轨铁路的路轨一般以混凝土制造，比普通钢轨宽很多。和城市轨道交通系统相似，单轨列车主要应用在城市人口密集的地方，用来运载乘客。

　　单轨列车的轨道分成两类，一种是悬挂式单轨铁路，一种是跨座式单轨铁路。悬挂式单轨铁路的列车悬挂在轨道之下。跨座式单轨铁路，列车跨座在路轨之上，两旁盖过路轨。

　　现代的单轨铁路列车由电动机推进，一般使用轮胎而不使用钢制的车轮。轮胎会在路轨的上面及两旁转动，推动列车及维持平衡。

　　早期单轨系统的设计是不能使用转辙器的，使得运作上出现很多不便。现代的单轨系统多数已经可以使用转辙器，让车辆可以驶进不同的线路，而同一线路亦可作双程行驶。

　　单轨铁路通常为高架，高架单轨具有成本低、工期短的优点。而相对于高架的钢轨地铁而言，高架单轨拥有占地少、污染小、能有效利用道路中央隔离带，适于建筑物密度大的狭窄街区的优点。

　　此外，单轨列车和轨道容易检查和维修养护。因而单轨不失为大城市客流中等的交通线路和中等城市主要交通线路的较

好选择。特别是在地形条件复杂，利用其他交通工具比较困难的情况下，能体现其优越性。

单轨列车因为在自己的轨道上行走，与其他交通工具及行人分开，因此比其他在路面上行走的铁路安全。而且，跨座式单轨车辆以车身包围路轨，也不容易出轨。还有，单轨铁路的攀斜能力、回转速度都比普通铁路好。

单轨铁路不仅所占的地面面积小，垂直空间面积也较小。因为单轨铁路所需的宽度主要由车辆的宽度决定，与轨距无关，而且单轨铁路多数以高架兴建，地面上只需很小的空间建造承托路轨的桥墩。

单轨列车还有一个最大的优点是使用橡胶轮胎在混凝土路

轨上行走，比较宁静，不会造成噪音污染，适合在城市行驶。另外，单轨的造价及维修价格比其他铁路都低。

拓展阅读

使用单轨列车最多的国家是日本。日本有7个城市有单轨铁路。其中东京的单轨铁路年载客量超过1亿人次。其次是美国，美国加州迪士尼乐园度假区及佛罗里达州华特迪士尼世界度假区都建有单轨铁路，每年载客量超过500万人次。

真空磁悬浮列车有多快

真空磁悬浮列车，全称叫真空管道磁悬浮星际列车，是一种在密闭的真空管道内行驶，不受空气阻力、摩擦及天气影响，时速可达到4000~20000千米，超过飞机时速数倍。

真空管道磁悬浮列车，就是让普通的磁悬浮列车在真空管道中运行。由于没有空气摩擦的阻碍，这种列车将运行到令人难以想象的速度，至少每小时达到1000千米的速度。

实际上，研究者一开始就把这一运输方式的常规运行速度定位为每小时4000千米，经过技术改进，每小时将达到6500千米。而当磁悬浮列车技术改进之后，真空管道磁悬浮列车的理论极限速度能够接近第一宇宙速度，达到每小时20000千米。

这意味着，乘坐真空管道磁悬浮列车，从北京到华盛顿只需要1小时左右，而完成环球旅行只需要用数小时。并且，由于管道是密封的，列车的行驶可以不受任何气候条件的影响。

当然，开通真空管道磁悬浮星际列车，必须要解决许多实际问题。例如，真空管道与管道之间的接头处，必须密封严实；管道沿线必须要有抽气泵站；还要有为维修、检查以及紧急情况预留能打开的开口。

　　真空管道最关键的技术是密封。在运输系统正常工作时，各种开口都必须密闭，保证不漏气。但沿线各车站车辆进出主管道的空气锁部位，系统连续运行时少量漏气不可避免，所以闭合时的密封一定要可靠，要达到相应的密封要求。

　　另外，管道中是真空状态，而在其中运行的磁浮车辆中必须是适宜人乘坐的大气环境，因此车辆必须具有良好的密封条件。这些细节都必须要技术人员在实施过程中严格把关。

　　最早提出真空管道磁悬浮运输概念的，是美国兰德咨询公司和麻省理工学院的专家，真正将这一运输方式落实为图纸的，是美国佛罗里达州机械工程师戴睿·奥斯特，经过多年的研究与设计，戴睿于1999年在美申请获得真空管道运输系统发明专利。

　　真空磁悬浮列车现在还在实验室阶段，不过美国和中国有关的研究人员已经开始着手将其变为现实。虽然还面临许多困难，但是曙光已经闪耀在天际。

拓 展 阅 读

　　真空磁悬浮列车系统还有一项优势，那就是能够将数吨重的材料快速送至轨道，这一能力可以用来有效地防御任何大型天体撞向我们。研究人员把这一功能看作是真空磁悬浮列车系统最重要的应用。

摆式列车为何无需减速

摆式列车，又叫倾斜式列车、摆锤式列车、摇摆式列车、振子列车，是一种车体转弯时可以左右倾斜摆动的列车。摆式列车能够在普通路轨上的弯曲路段高速驶过而无需减速。

列车在高速铁路的弯道上行驶，由于受到离心力作用，会使车轮的轮缘靠紧铁轨，产生强烈的摩擦，甚至还要挤动外边

那根铁轨向外移动，严重时会引起脱轨并使列车倾倒。

为了列车安全，弯道处外侧的铁轨必须加高，叫"外轨超高"，以使车厢产生向心力，抵消离心力作用。另外，列车速度越大，弯道的"曲率半径"就要越大，也就是弯道的弯度越小。所以为提高列车速度，需要修建新的铁道线路。

一般来说，铁道轨距为1435毫米，称为标准轨距。凡是轨距大于1435毫米的称宽轨，如印度等国的铁路轨距为1676毫米，西班牙和葡萄牙采用1617毫米轨距；凡轨距小于1435毫米的称为窄轨，如南非、我国台湾等国家和地区采用1067毫米轨距。

原有窄轨铁路，曲率半径小，"外轨超高"不大，是不能通过高速列车的。反过来，若是列车以低速通过弯道，"外轨超高"太大，列车有可能向内倾斜，甚至倾覆，特别是窄轨更

危险。怎么办呢？人们采用摆式列车来解决这一矛盾。

世界上第一列摆式电动车组是英国铁道科学研究中心从1965年开始，花了15年研制成功的。当列车在弯道行驶时，车体能自动向曲线内侧倾斜而抵消离心力的作用，使乘客感到平稳和舒适。当列车在直道上行驶时，车体又恢复了原状。

瑞典、意大利、西班牙、法国等国家都进行了长期研究，其中瑞典X2000型摆式高速列车尤为先进，在瑞典成功地运行多年，许多国家都积极引进这一技术。这种列车前面是电动车和控制车。当控制车进入弯道区域，车上的两个"加速度仪"就测出了离心加速度，知道进入了弯道。

控制车上的主控计算机对速度和距离进行计算，算出车体应倾斜多少。它发出指令给每个车厢上的受控计算机。各车厢受控计算机再发出控制信号，控制这一车厢车体倾斜。

摆式列车不但不需要另外新建轨道，而且还可以在极舒

适和安全条件下，达到每小时250千米的速度。另外，在行驶中，由于列车大幅度削减了离心加速度，以及高科技隔音、加压和空调系统等，使其具有顶级的旅途舒适度。

拓　展　阅　读

摆式列车有两种刹车系统：速度在每小时45千米到250千米时用的是电动及气压式系统，速度在每小时45千米以下用的是气压式圆盘刹车装置。为了避免不同的车轮与轨道作用力而产生不同的刹车距离，摆式列车还专门装有不同感应点的止滑装置。

水陆空三用的气垫船

气垫船是最为神奇的高速船，因为它既可以贴近水面航行，又可以像汽车一样在陆地行驶，还可以在空中飞行，是介于车、船和飞机之间的一种特殊的新型船。

气垫船多用轻合金材料制成，船上装有鼓风机和轻型柴油机或燃气轮机等产生气垫和驱动船舶前进的动力装置，并有空气螺旋桨或水螺旋桨、喷水推进器等推进器。

由鼓风机产生的高压空气，通过管道送入船底空腔的气室内形成气垫托起船体，并由发动机驱动推进器使船贴近支撑面航行。气垫船的航行阻力很小，船的时速近百千米，最高时速达200千米以上。

什么是气垫？就是高压空气形成的"垫子"，这个特殊的"垫子"垫在船体与水面中间，实际上是托着船在水面上航行，前进中不再承受水的阻力而只有空气阻力，故阻力大为减小。

气垫船按产生气垫的方式，可分为全垫升气垫船和侧壁式气垫船两种。全垫升气垫船，又称全浮式气垫船，即气垫把整个船体都垫起来，航行中船体不吃水。

　　这种气垫船的结构是船底四周装有柔性围裙，压缩空气在围裙内形成气垫，船的前进靠空气螺旋桨推进，靠空气舵操纵方向。特点是具有快速性和两栖性。快速性不言自明。两栖性是它不仅能在水面行驶，也能在平坦地面和沼泽地带行驶，并且具有一定超过障碍的能力。

　　侧壁气垫船的船体两侧有刚性侧壁伸入水中，仅在船头和尾部有柔性气垫装置而形成气垫，因此它不是全垫升而是局部垫升。这种船的速度要低于第一种气垫船，而且也不能两栖，不能在陆地上行驶。

　　气垫船发展很快，并且大有前途。气垫船可在沼泽地或油田运送人和物，做交通船；可以做客轮或游轮，飞越激流、险

滩和暗礁地区；在军事上，可作为快艇和登陆艇；还可用作水上救护艇。

拓 展 阅 读

澳大利亚墨尔本雷特公司研制出的气垫飞行船，能漂浮、飞翔和盘旋。它能在水面或陆地上数米高掠过，速度为每小时120千米，最高可达每小时300千米，是旅游观光、巡航、货运的理想航空器。

轻便高速的水翼船

水翼船是一种依靠水翼的上、下压强差来抬高船体，从而达到快速航行的船舶。水翼船的船身底部用支架装上水翼，当船的速度逐渐增加，水翼提供的浮力会把船身抬离水面，从而减少水的阻力使航行速度飞速增加。

水翼船分为半浸式水翼船和全浸式水翼船两种。半浸式水

翼船就是水翼船的一半在水下，一半在水上的水翼船。在水翼飞航时，U型水翼会有部分是浸在水中，另一部分则会割破水面露在空中。半浸式水翼的结构较为简单，推进一般用船尾浸在水中的螺旋桨及方向舵。

全浸式水翼船是指水翼全部浸沉在水中的"水翼船"。较早的全浸式水翼是浅浸式水翼，即水翼在翼航时的浸深小于水翼翼舷的长度，升力主要靠浸深的变化来调节，因其水翼离开水的自由表面较近，易受波浪的影响。

现代全浸式水翼船是指水翼浸深大于翼舷长度的深浸式水翼，航行时，全部水翼浸于水面之下，船体由不产生升力的垂直支柱支撑，它的升力调节方式主要靠改变水翼的冲角或水翼后缘的襟翼等来实现，因水翼浸沉深，离开水的自由表面远，

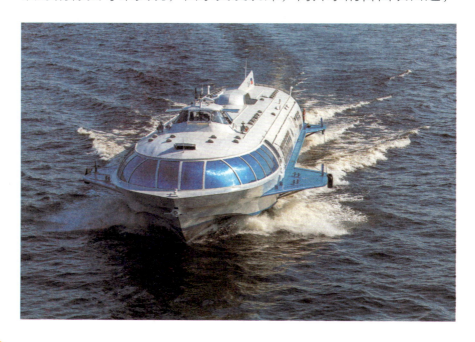

不易受波浪影响，故适于海上航行。

美国建造的HD-4号水翼船，时速为87千米，后来在美国海军的支持下，他们改用两副350马力260千瓦的发动机，创下时速114千米的纪录。

现代生产的水翼船大多不超过1000吨，并以近海航行为主。跟其他的高速舰艇技术相比，水翼船的主要优点是能够在较为恶劣的海情下航行，船身的颠簸较少。而且高速航行时所产生的波浪较少，对岸边的影响较低。

缺点是制造大型的水翼船或进一步提高速度，还存有技术困难。水翼所能提供的浮力与长度成平方关系，但是船的重量却与长度成立方的关系，故此制造更大型的水翼船存在一定的难度。

　　要进一步提高速度，水翼在高速下会产生气泡的问题亦需要解决。此外全浸式水翼的结构及控制较为复杂，也使成本上涨。另外，水翼船使用燃气引擎花费燃料较多亦是商业运作上的考虑之一。

拓展阅读

　　水翼船的主要研究和生产国主要有美国、德国等。德国生产的民用水翼船重165吨，载客250人，速度为37节。美国生产的民用全浸式水翼船，以铝合金制造，净重约100吨，载客量可达250人，航速达45节

引发船舶革命的超导船

当今世界，所有的舰船都离不开螺旋桨推进器和操纵舵。但是，随着超导技术的发展，一种不依靠螺旋桨和操纵舵的超导电磁流推进船，就是超导船，已开始涉足舰船领域。

这种高速超导船直到目前尚未进入实用化阶段，但实验证明，这种船舶有可能引发船舶工业爆发一次革命，就像当年富尔顿发明轮船最后取代了帆船那样。

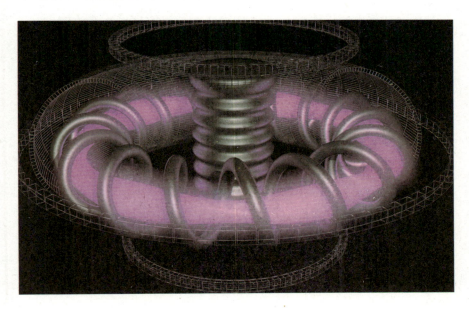

　　超导船，全称是超导体电磁推进装置，通俗地说就是电磁铁推进装置。超导船的船身装有许多超导线圈，船的两侧装有电极板。当线圈处于超导状态时，电流就会通过线圈，并在船四周的海水内产生强大的磁场。

　　发电机给两个电极板加电压时，电极板之间的海水中会产生电流。由于磁场与电流相互作用，便产生了电磁力，电磁力作用于海水，推动海水向后运动，舰船便可在没有螺旋桨的条件下获得一个向前运动的作用力。

　　由于输入超导线圈和电极板的电流大小和方向是可以控制的。因此，只要对输入电流加以控制，就能够自如地控制舰船的航行速度和方向了。

　　把电磁用于船舶推进装置的设想，最早是由美国赖斯博士提出来的。1966年，美国综合电机公司根据赖斯的研究，首次

制成了电磁推进船的模型船"EMS-1"。但使用的铜质线圈磁场强度只达到150高斯，没有取得什么有用的资料。

1976年，日本的神户商船大学用超导体电磁材料装备船的推进系统，制成了超导体电磁推进船的模型船"SEMD-1"。船长仅1米，在海水中的磁场强度达到6000高斯。

1979年，日本又制成一艘超导船的模型船"ST-500"，全长3.6米，重700千克，船底装备的超导体电磁线圈用铌钛合金制造，在海水中可产生2万高斯的强磁场。该模型船在海里可以每秒1米的速度前进，完全没有振动和噪音。

1992年，日本研制出"大和一号"试验船。该船总长为30米，排水量为185吨，设计航速为8节，采用直流内磁式推进器，并在海上进行自航成功。

1996年，中国开始进行超导磁流体推进技术的研究，并研制成功世界上第一艘超导螺旋式电磁流体推进实验船，2000年

此项技术获中科院科技进步二等奖。

随着超导体研究的深入，超导船逐步从梦想走进现实，从模型实验向实用舰船发展。美国海军计划研制有超导电磁推进系统的小水线双体结构的军用舰船，并取得了一定的成果。看来，超导船在海上航行的日子已不远了。

拓 展 阅 读

由于超导船具有无振动、无噪声、无污染、造价低、航速可达每小时100千米以上的高速等传统舰船所不具备的优点，因此人们把超导船称为21世纪的高速船。

不惧严寒的极地考察船

极地考察船是专门在南北极海域进行海洋调查和考察的专业海洋调查船，也是执行特定海域环境调查和科学研究的测量船。极地考察船是具有破冰能力的综合测量考察船，随船搭载有极地考察和建站必需的工程机械、运输工具和各种支援设备。

由于南极和北极地区资源丰富，地理位置独特，进行气

候、环境、宇宙和生命起源等重大科学前沿的研究有独特的条件，所以，世界上的发达国家早在20世纪中期就开始建造能够适应极地条件的船只，前往那里进行科学考察。

1973年，美国建成"极星"号考察船。该船长120米，宽25米，排水量13100吨，可以突破6米厚的冰层。

1975年，前苏联建成"M.萨莫夫"号大型极地考察船，可以突破1.7米厚的冰层。

1982年，日本建成"白濑"号南极考察船，该船为单体破冰型，满载排水量17600吨，经济航速15节，续航力20000海里，自给力38天，乘员230人。

该船上设有海洋测绘、水文气象、水声物理、地质生物等

多种学科的研究室，配有绞车和起重设备，可搭载2架CH-53运输机、1架OH-6侦察机和1000吨极地建站物资。

　　1984年，我国首次开展南极考察，使用的"向阳红10号"是无破冰能力的普通船只。1993年，我国购自乌克兰，全长167米、满载排水2.1万吨的破冰船，经改装后命名为"雪龙"号极地考察船。

　　"雪龙"号配备了现代化的航行、定位和导航系统，具备以1.5节航速、连续破冰1.1米的能力，可搭乘科考队员120人，"雪龙"号技术性能先进，属国际领先水平，是中国进行南北极海域科学考察的唯一的一艘功能齐全的破冰船。

　　据美国海岸警卫队2013年统计，全球破冰船队中，功率超过1万马力的破冰船有78艘，在建4艘，计划建造13艘，总计95艘。其中俄罗斯的核动力破冰船7艘，常规动力科考破冰船

有24艘。作为世界头号强国，美国也拥有一支强大的破冰船队。而我国仅有一艘"雪龙"号。

拓 展 阅 读

芬兰是地处北极圈的国家，人口只有500多万，但该国设计和建造破冰船的能力十分出色，全球运营中的破冰船60%由芬兰设计和建造，就连我国在建的极地科考船雪龙2号也是由芬兰阿克公司完成的初步设计。

飞驶海上的"高速火车"

　　船在航行时会受到多种阻力：船体和水摩擦产生的阻力；船行进中产生的波浪的阻力；船尾产生的涡流阻力；还有海浪及风造成的阻力等。因此，与汽车、火车和飞机相比，船的航速不易达到很高。

　　一般把航速超过25节，就是每小时46.3千米的航船称为高速船。近百年来，汽车速度提高了数倍，飞机的速度提高了20倍左右，而船的航速仅提高了两倍左右。

　　未来提高航船速度是个很重要的方向。人们已设计出许多种高速航船：气垫船、水翼船、高速多体船、小水线船和地效翼船等。高速船有的航速已超过每小时200千米；再过几年可望有航速每小时500千米以上的超高速船出现。

　　由日本三井机械造船集团和三菱工业集团研制的"高速火车"货船，是气垫船和双层船的混合体，气垫承受了船体80%的重量，船大部分是在水面之上，航速高达每小时111千米，且稳定性好，能在6米大浪中航行。

　　法国制造的快渡轮，一次能载400位乘客和45辆汽车，半小时全部装卸完，航速最大为每小时70千米，从法国圣马洛到

英国泽西岛只需70分钟。

澳大利亚的高速双体船质量好，价格比欧洲的船便宜，在国际市场上占领先地位。我国高速客船发展很快，仅1995年至1996年间就有4艘双体侧壁式高速气垫客船投入使用，其航速都在每小时55千米以上。

2016年11月15日，我国广东新船重工建造的73.6米STS双体车客渡船试航。该船型长73.6米，型宽5.75米，型深22米，设计吃水2.75米，车道长630米，配备4个主机，最大航速26节，最多可同时容纳790人、装载100多辆车。

俄罗斯的秘密船只时速可达500千米至600千米，可贴水面"飞行"，也可在陆地飞行。船只采用全球卫星定位导引和电子海图的自动导航装置。

由日本石川岛播磨重工业公司提供设计的双体音速渡船，

船体采用铝合金船体，使重量得以大大减轻，成型制造工艺更为容易。它利用螺旋桨推进器和喷水推进器，可以使船的速度达到每小时120千米以上。

拓 展 阅 读

　　新西兰一家造船厂耗资1.5亿美元，花费3年时间，建造了一艘世界上最快的轮船，为了减少排放，该船采用天然气作为主要燃料。这艘长达100米，宽28米的超快轮船，动力系统采用了两个波音747飞机的引擎，在海上的最快速度可以达到每小时110千米。

横渡北冰洋的潜冰船

在地球的大洋中，北冰洋是面积最小的洋，大约1310万平方千米，但却是世界上最寒冷的洋，表面温度大多在−17℃左右，因而终年不化的冰层占北冰洋面积的2／3以上。

由于北冰洋处于亚洲、欧洲和北美洲的北部之间，横渡北冰洋，穿越北极是欧洲到美洲的捷径。但这条捷径只有飞机能够利用，而船舶由于坚冰阻隔，只能望冰兴叹，只好绕道巴拿马运河了。

有没有办法不绕道呢？这种巧妙的办法已经被人类想出来了，那就是建造由潜水艇演化而来的潜冰船。潜水艇是军事用的船舶，在第二次世界大战期间曾广泛应用于海战，潜水艇可下潜深度达100~500米。

但是潜水艇造价高而且运量有限，要完成从冰下运输货物的使命，必须改进为现代的潜冰船。潜冰船的船体与巨型油轮相仿，船上部的船员室和操纵台可以伸缩，在下潜之前要收进船体中。其船体是长方形的，便于货物的装卸。

潜冰船的绝妙之处在于，它不是在深水中航行，而是在冰层之下紧贴着冰层的底面航行，就像是挂在冰层的船只一样。这是怎么完成的呢？原来，潜冰船的前进不像普通的船只那样靠螺旋桨推进器推进，它根本就没有螺旋桨，而是装置了像拖拉机、坦克上那样的履带。

　　潜冰船上有许多履带，每一条履带都由独立的计算机控制，有独立的传动系统，事实上潜冰船的履带不是在下面而是在左上面，紧贴着洋面的冰层航行。

　　由于船体长达数百米，有许多履带，不用再担心冰层有窟窿，即使那样也可以平稳地航行，因为总会有一部分履带紧贴在冰层下表面。

　　有人可能会问，如果冰层下表面不是平坦的而是倒挂着许多冰山怎么办呢？这也有对策。一般说来冰山的高度不会超过几十米，潜冰船配备了现代化的导航系统，像领航员躲避暗礁一样避开冰山，绕路而行。

　　潜冰船还配有一种特殊的武器，即伸缩式的割冰刀，它会随时伸出切割掉挡路的冰山。

上述潜冰船目前还只是纸上谈兵，在研制当中肯定还会出现新的问题，例如冰层不具有足够的强度时履带能否正常航行；运载量过大的卸货问题等等。但是，潜冰船无疑是解决冰下航行的一个有效途径，科学家估计，不久的将来，新型潜冰船会登上冰下航行的舞台。

拓 展 阅 读

建造潜冰船还有很多技术上的难题，例如利用冰层底面航行时，履带式推进器能否实用就是个疑问；还有，收进船体的伸缩式驾驶台能否与船体密合？在低温条件下塑料充气箱选用什么样的材料合适，等等。

超级油轮 "快乐巨人号"

快乐巨人号，又称为海上巨人号、诺克·耐维斯号，是由日本住友重机械工业制造的超级油轮，也是世界上最长的船只和最长的人工制造水面漂浮物，船长458.45米，满载吨位82.53万吨。

诺克·耐维斯号能够装载将近410万桶65万立方米的原油，住友重机械工业利用其88.9毫米厚的双层船体技术，能有

效防止原油意外渗漏和污染环境。

这艘船满载后吃水超过24米，甚至无法通过水深较浅的世界主要航道，例如巴拿马运河与苏伊士运河等人工河道，就连英吉利海峡也无法穿越。

另外，由于吃水深，满载时的诺克·耐维斯号也无法进入世界大部分的主要港口，而需要特殊的接驳设施，在外海直接卸载原油。

诺克·耐维斯号虽然是世界上最巨大的船只，但因为高度的自动化设计与电脑辅助，仅需用35至40名的船员就能顺利航行。

诺克·耐维斯号最早于1976年12月在住友重机械工业位于日本横须贺市的追浜造船所建造，并被命名为海上巨人号。海上巨人号原来的订购者是一名希腊人，但他因生意破产，在船只尚未完工前就转卖给了香港籍船王董浩云。

　　董浩云在接手这艘船后要求造船厂变更设计规格，将原本已有48万吨水位的海上巨人号加长了数米，而增加了8.7万吨的水位，使其正式成为世界上最巨大的船只。

　　1981年，海上巨人号终于完工下水，主要的任务是在墨西哥湾与加勒比海一带运输原油。但在1988年5月14日航经霍尔木兹海峡时，遭伊拉克战机的反舰导弹攻击，沉没在伊朗的卡克岛海岸外之浅海海域。

　　1989年，海上巨人号被转卖给挪威的诺曼国际海运公司，船只在打捞起来后被拖至新加坡吉宝造船厂进行修复工作，在经过一场堪称全世界最大规模的船只修复工程后，这艘船被改名为快乐巨人号复出。

　　1991年，诺曼国际海运公司将这艘船卖给挪威亚勒海运船公司，在历经十余年的服务后，这艘巨轮又被转卖给了新加坡籍的第一奥森油轮，并且改名为现在的诺克·耐维斯号，此后该公司与卡达的快桅石油签订合约，租赁这艘船三到五年的时

间，停在夏辛油田作为海上储藏与装卸原油的设施。

　　为此诺克·耐维斯号在2004年3月进入卡达干坞进行改装，改装项目包括主要管线的重设，新的泊靠系统，与一个直升机停机坪的装设等，并于同年六七月间完成改装并开始启用。2009年12月，该船被出售给印度的拆船业者，次年1月4日，在印度古吉拉特邦亚兰市被拆解。

拓 展 阅 读

　　诺克·耐维斯号超级油轮的动力为5万匹3.73万千瓦的住友Stal-Laval AP蒸汽涡轮机，最高航速16节，即每小时30千米，总注册吨位260941吨，排水量825344吨。

拥有黑科技的梦幻客机

　　梦幻客机又称为波音787飞机，是美国波音公司制造的最新型号的中型双发动机宽体中远程运输机，也是航空史上第二架超远程中型客机。其巡航速度达0.85马赫，即水平面速度为每小时561海里或903千米，续航距离为8500海里或15700千米，可由洛杉矶直飞伦敦，或纽约直飞东京。

　　梦幻客机最早被波音公司定名为"7E7"。当中的"7E"

分别是组成"效率""经济性""环保""超凡乘坐舒适性
和便利性""电子化系统"等词语的、以E开头的七个英文
单词。

　　波音公司为了实现"7E7"的承诺，在梦幻客机上使用了
许多黑科技。波音787机身截面形状采用双圆弧形，并采用平
滑机翼、流线机头与鲨鱼鳍式翼端与尾翼的设计，顶部空间也
进行了优化设计，可为乘客提供更宽敞的空间。

　　波音787拥有多项技术创新，其中最引人注目的是波音787
机体结构的一半左右都用更轻、更坚固的复合材料碳素纤维
代替铝合金，是第一款以复合材料为主体材料的民用喷气式
客机。

　　用复合材料制造的机身比较轻，还能够埋入光纤管来监控
飞机的状况，对于后期的维护成本跟安全上都能达到最新的飞

机需求，这使得波音787更节省燃油，而且也可以节省在维护方面的花费。这种合成材料类似于一级方程式赛车中所使用的碳纤维合成材料。

通用电气与罗尔斯·罗伊斯公司联合为787提供了新一代发动机技术。波音的专有技术与计算机流体力学优化了发动机与787机身的整合，将干扰阻力降至最小，让这些技术进步的效益达到最优化。

波音787的机翼设计延续波音737NG/777的超临界机翼设计。超临界翼的好处在于在高次音速时可增加5%气动力效率，可以减少燃料的消耗并增加飞机的性能，如飞行距离等。

787还装备了垂直阵风抑制系统，能感知湍流并指挥机翼操纵面应对湍流，从而大幅提高飞行的平稳性。

787客舱比其他中型飞机宽敞，乘客坐下后其平视位置比竞争机型宽38厘米，能为每位乘客创造出更大的个人空间。

客舱安装了比其他民用飞机宽的客椅，每个座位比最接近的竞争对手至少宽4厘米。经济舱通道宽55厘米，该宽度比典型的双通道飞机经济舱通道宽6厘米。公务舱通道宽65厘米，这一宽度使乘客可以轻松绕过正在供餐的餐车。

机舱气压以电动的空气压缩机维持，不使用引擎放气带入的空气。客舱最高压力高度为1228米，而不是其他飞机的2438米。高压氧舱试验表明，置身于压力高度为1228米的787客舱还能让乘客的血液多吸收8%的氧气，从而减少头疼与头昏，减轻疲劳感。

铝制飞机因材料或重量原因而无法实现1228米的压力高度。787复合材料机身不会疲劳，因此，既能应对更低高度的

座舱压力，又不对重量产生影响。

　　787客舱内以发光二极管LED提供照明，取代传统使用的荧光管。营造出头顶即是天空的感觉，天空特色的舱顶一直贯穿整个客舱，机组还可以在飞行中控制天空特色舱顶的亮度和颜色。需要时，乘务员可以为乘客提供白天的感觉，而当乘客需要休息时，舱顶则可模拟夜色。

　　机舱以重复的大弧度拱形结构、动态照明以及飞行中可以由乘客调整透明度的电子遮光帘为特色，并利用可以变幻色彩及明亮度的LED数组营造出仿真"天空"的天花板效果。

　　波音787飞机于2011年投入服务。可载客210人至330人，人数多少视座位的编排而定。燃料消耗方面，787比以往的产品省油，效益更高。

　　波音公司的这款全新机型波音787梦想飞机，被誉为承载着人类的"飞翔新梦想"，其中也凝聚了中国制造业的梦想，因为成飞、哈飞、沈飞均是该项目相应部件的唯一供应商。

拓 展 阅 读

　　787客机中除了装备一般客机使用的、用于消除细菌、病毒与真菌的高效空气粒子过滤器之外，还引入了一种新型气体过滤系统，用以去除异味、刺激物与气态污染物，这样使客舱空气更清新的同时，也减少了乘客头疼、头昏以及因干燥引起的咽喉刺激与眼部刺激。

载客量惊人的空中巨无霸

　　空中客车A380，是欧洲空中客车公司研制生产的四引擎、超大型远程宽体客机，飞机最大速度达每小时1090.3千米，续航15200千米，这款飞机在典型的"头等舱—商务舱—经济舱"，即"三仓等"布局下可承载555名乘客，被人誉为"空中巨无霸"。

　　A380在投入服务后，打破波音747在远程超大型宽体客机

领域统领35年的纪录，结束了波音747在市场上30年的垄断地位，成为载客量最大的民用客机。

由于体积庞大，与任何其他飞机相比较，A380都能更好地降低座距离成本。与波音747-400相比，A380能多提供约35%的座位和49%的地板空间，而且座位成本比最有效的飞机低15%至20%。

空中客车A380全双层宽体机舱设计，为每一位乘客提供了更加宽敞的空间。而且机舱内的空气，每三分钟就可以更换一次。220个舷窗，让机舱内享受更多的自然光。

A380的机舱还配备了为客机研发的最先进的机上娱乐系统，光纤配电网络使电影、视频游戏和电视节目的选择更加灵活完备。乘客在飞机上也可以使用便携式计算机和打电话。

A380的底舱为休息区、商务区、酒吧或其他的娱乐区，按

照不同航空公司的需求，还可设置理发店、浴室、卧铺、赌场、按摩室或儿童游戏场等。

空中客车A380的动力是新研制的四引擎发动机，在地面滑行时只使用两台发动机、两台反推和一套低噪音的辅助动力装置，以降低噪音，在起飞阶段，4台发动机开始工作。A380每年可比同类飞机节省50万公升燃油。A380采用了双飞行控制系统，其特色在于采用两种不同构型的4个独立主飞行控制系统。其中包括两个常规液压动作系统和两个电−液动作系统。A380采用电−液动作系统使其在动力资源上具备更大的灵活性，增加了冗余性，提高了安全性能。

此外，A380具备低空通场、超低空低速通场的能力，能够在中低空完成大仰角转弯、过失速速度和过失速仰角飞行，能够实施空中翻转，这保证了在飞机遭遇鸟击、雷暴、大侧风等恶劣飞行条件中的飞行安全。

同时其37米长的机翼和8米长的侧旋尾翼保证了飞机在所有动力全部失效以及燃油耗尽的情况下依然可以滑翔着陆。这也是航空领域经常说A380是永不坠毁的飞机的原因。

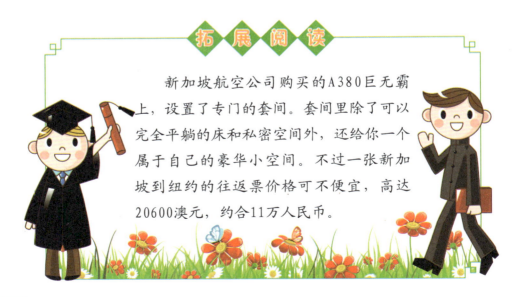

拓 展 阅 读

新加坡航空公司购买的A380巨无霸上，设置了专门的套间。套间里除了可以完全平躺的床和私密空间外，还给你一个属于自己的豪华小空间。不过一张新加坡到纽约的往返票价格可不便宜，高达20600澳元，约合11万人民币。

畅销不衰的波音737客机

波音737系列飞机是美国波音公司生产的一种中短程双发喷气式客机。具有可靠、便捷，运营和维护方便，成本低等特点，自研发以来，几十年销路不衰，成为民航历史上最成功的窄体民航客机系列之一。

截至2016年2月29日，波音公司已经向全球客户交付了近8920架各种机型波音737，其订单数更是达到了13298架，成为世界上最成功的客机家族之一。

波音737机身采用铝合金半硬壳式结构，在机身蒙皮内胶

接有格形加强板，每排连接件处的蒙皮为双层，以改进机身的疲劳特性，形成格形止裂带，用这些方格来"限制"可能产生的裂纹扩展。

波音737机翼采用悬臂式中单翼。由于飞机航程较短，巡航速度和高度较小，采用大翼载和较小后掠角。机翼结构为铝合金破损安全设计的抗扭盒形结构，由连续的上、下椽条，腹板及加强件连接而成。

上、下蒙皮从翼根至翼尖为连续的机械加工变厚度蒙皮，铆接桁条。尾翼、方向舵、升降舵等处广泛采用了玻璃钢结构。出色的机翼设计使波音737适用于短跑道起降并拥有较好的高空巡航能力。

新一代737飞机机翼设计采用了新的先进技术，机翼的翼

弦都增加了50厘米，翼展约增加了5米。机翼总面积增加了25%，不但增加了载油量，而且提高了效率，这都有利于延长航程。

波音737翼下吊挂两台发动机。最初使用涡轮喷气发动机，波音737-200可选装低涵道比的涡轮风扇发动机，单台推力71.2千牛量级，后来的型号使用高涵道比的涡轮风扇发动机，装两台涡扇发动机，单台推力为88.97千牛左右，提高了经济性和降低了噪音水平。

波音737拥有两套独立的液压系统，为飞行操纵系统、襟翼、缝翼、起落架、前轮转变和机轮刹车提供动力。两台发动机各带动一台交流发电机。辅助动力装置可在地面和空中紧急情况下驱动发电机供电和为空调系统供压，并可用于启动发动机。

波音737早期型的速度为0.745马赫，最大飞行速度为0.82

马赫。新一代737飞机巡航速度达到0.785马赫，航程约为5926千米，比波音737早期型的航程远1666千米。

　　新一代波音737客舱，采用平滑的弧线型天花板，提升了整体客舱环境。航空公司可以在很短的时间内，将客舱布局从公务舱的每排5座改成经济舱的每排6座，方便变换客舱布局。

拓 展 阅 读

　　2018年3月13日，波音公司在美国华盛顿州伦顿总装工厂举行仪式，庆祝自1967年来生产的第10000架波音737客机下线。这也让波音737客机成为世界上第一种生产数量达到10000架的喷气式客机，打破了世界纪录。

中国首款大飞机C919客机

　　C919大型客机，全称COMAC C919，是我国首款按照最新国际适航标准，具有自主知识产权的大型喷气式民用飞机，于2008年开始研制，2017年5月5日成功首飞。C是英文"中国"的首字母，第一个"9"的寓意是天长地久，"19"代表的是中国第一型中型客机最大载客量为190座。

　　C919客机实际总长38米，翼展35.8米，高度12米，标准航程为4075千米，最大航程为5555千米，最大巡航高度12100

米，最大起飞重量77吨，经济寿命达9万飞行小时。

在使用材料上，C919大量采用先进复合材料和铝锂合金等，其中复合材料使用量将达到20%，国产铝合金、钛合金及钢等材料为20%~30%，充分体现了C919大型客机带动国内基础工业的能力与未来趋势。

在减排方面，C919将是一款绿色排放、适应环保要求的先进飞机，通过环保的设计理念，将飞机碳排放量较同类飞机降低50%。

舒适性是C919机舱设计的首要目标。机舱座位布局采用单通道，两边各三座，其中中间的座位空间将加宽，有效地缓解以往坐中间座位乘客的拥挤感。

C919采用先进的环控、照明设计，提供给旅客更大观察窗、更好的客舱空间、更好的舒适性；C919采用四面式风挡。

它的风挡面积大，视野开阔，由于开口相对少，简化了机身加工工业，减少了飞机头部气动阻力。

C919机翼有近36米宽，除了装有起落架之外，还能储存燃油，加起来共能容纳186386升燃油。C919采用了双侧杆正杆飞行控制系统，其特色在于采用两种不同构型的4个独立主飞行控制系统。其中包括两个常规液压动作系统和两个电-液动作系统。C919采用电-液动作系统使其在动力资源上具备更大的灵活性，增加了冗余性，提高了安全性能。

事实上，C919客机在类型上属于"中短程双发窄体民用运输机"，像空中客车A380，可载客550人那样的巨无霸飞机，或者双通道、载客达300人左右的飞机才被称为"大客机"。

但在中国飞机史上C919却称得上是真正的大飞机，因为我

国以前研制最好的运-10飞机，最大航程8300千米，最大载客量才124座。因此，中国大飞机要追上发达国家还有很远的路要走。

拓展阅读

　　2017年5月22日，中俄在在上海成立国际商用飞机有限责任公司，正式开始了真正大飞机的研制步伐。中俄研制的大飞机定名为C929。C929的座数为300～350座，起飞总重约220吨，续航能力约12000千米。

多用途运输直升机米-26

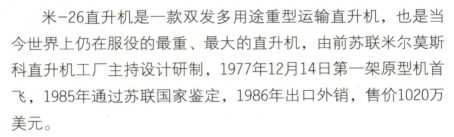

　　米-26直升机是一款双发多用途重型运输直升机，也是当今世界上仍在服役的最重、最大的直升机，由前苏联米尔莫斯科直升机工厂主持设计研制，1977年12月14日第一架原型机首飞，1985年通过苏联国家鉴定，1986年出口外销，售价1020万美元。

　　该机的机舱内载和舱外外挂质量均可达20吨，最大起飞

重量56吨。有多款改型机种，如米-26A、米-26T、米-26P及米-26M等。苏联解体后，"米-26"系列机型的制造商为俄罗斯罗斯托夫直升机联合股份公司。

米-26是第一架旋翼叶片达8片的重型直升机，有两台发动机并实施载荷共享，在其中一台失效的状态下，另一台发动机仍可以维持飞机的正常飞行。

米-26机身为全金属铆接，后舱门备有折叠式装卸跳板。机身下部为不可收放前三点轮式起落架，每个起落架有两个轮胎，前轮可操纵转向，主起落架的高度还可作液压调节。米-26货舱空间巨大，可装运两辆步兵装甲车和20吨的标准集装箱，如用于人员运输可容纳80名全副武装的士兵或60张担架床及4至5名医护人员。货舱顶部装有导轨并配有两个电动绞

车，起吊质量为5吨。

米-26飞行设备齐全，能满足全天候飞行需要，有气象雷达、多普勒系统、地图显示器、水平位置指示器、自动悬停系统、通信导航系统等。它的机载闭路电视摄像仪可对货物装卸和飞行中的货物姿态进行监控。

米-26直升机的旋翼系统为传统的铰接式旋翼，桨毂是钛合金制成的，有挥舞铰和摆振铰，带有阻尼器，没有弹性轴承或轴向铰。这种旋翼由8片等弦长桨叶组成，是世界采用桨叶片数最多的单旋翼。

为适应高寒地区使用，旋翼和尾桨桨叶均装有电加热防冰装置。旋翼转数为每分钟132转。传动系统包括V-26风扇冷却的主传动系统。尾传动轴位于座舱顶。

　　"米-26"直升机主要用于没有道路和其他地面交通工具不能到达的边远地区，为石油钻井、油田开发和水电站建筑工地运送大型设备和人员。"米-26"往往需要远离基地到完全没有地勤和导航保障条件的地区独立作业，因此，直升机具备全天候飞行能力。

拓 展 阅 读

　　"米-26"直升机体积庞大，驾驶复杂。较早时期生产的机型，完成飞行任务需要2名驾驶员、1名飞机工程师、1名领航员和1名理货员5人协同配合。因此，它的驾驶舱也是世界最大的直升机驾驶舱。

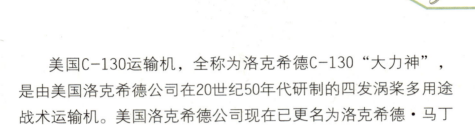

美国"大力神"运输机C-130

美国C-130运输机，全称为洛克希德C-130"大力神"，是由美国洛克希德公司在20世纪50年代研制的四发涡桨多用途战术运输机。美国洛克希德公司现在已更名为洛克希德·马丁公司。

C-130是世界上设计最成功、使用时间最长、服役国家最多的运输机之一，从1954年8月23日首飞至今已服役60余年，

有70余个国家或地区使用，总生产数量超过2300架，各种任务改型近40种。

C-130可在前线简易机场跑道上起降，向战场运送或空投军事人员和装备，返航时可用于撤退伤员。改型后用于执行各种任务，如电子监视、空中指挥、控制和通讯等；此外还有搜索救援和回收型、空中加油型、特种任务型、气象探测型、海上巡逻型及空中预警型等型号。

C-130采用上单翼、四发动机、尾部大型货舱门的机身布局，非常适合执行各种空运任务，货舱门采用上下两片开启的设计，能在空中开闭；在空中舱门放下时是一个很好的货物空投平台，尤其是掠地平拉空投的时候，在地面又是一个很好的装卸坡道。而且，该舱门也是整机气密结构中的重要一环。

　　各种C-130的货运型都可以贴地投放11吨重的货物。投放时，飞机贴地飞行，后舱门打开，首先拖出一个钩子，钩子的另一端与货盘和货物相连，当钩子与地面空投场上的钢索啮合时，货物就被从后舱门拖出。由于货盘有能量吸收系统，货物滑行30米后停下。当货物超过22吨时，需要使用条带降落伞将货物从货舱中拖出。

　　C-130的主起落架舱也设计得很巧妙，起落架收起时处在机身左右两侧旁突起的流线型舱室内。这个设计使得起落架舱不会占用宝贵的主机身空间，大大方便了货舱的设计，且使得主机身的结构能够连续而完整，强度大。另外一个好处是这种设计左右主轮距较宽，在不平坦的简易跑道上使用时稳定性好。

　　C-130采用大量数字技术，加上低功率雷达的高清晰地貌对照能力、彩色液晶显示器和双GPS/INS系统，可以轻松地执行单机或编队全天候空投任务。

拓 展 阅 读

　　通常情况下，C-130运输机搭载机组成员3至6人，包括正副驾驶员、领航员、货物装卸员等，机舱可运载92名士兵或64名伞兵或74名担架伤员，或加油车、重炮牵引车等重型设备。

能够直上九天的空天飞机

　　航空航天飞机，简称空太飞机或空天飞机，是一种集飞行器、太空运载工具及航天器于一身的新型航天运输系统，可以重复使用。

　　空天飞机上同时有飞机发动机和火箭发动机，起飞时空天飞机以每小时1.6~3万千米的高超音速在大气层内飞行，在30~100千米高空的飞行速度为12~25倍音速，而且可以直接加速进入地球轨道，成为航天飞行器。

　　空天飞机不使用火箭助推器，可以像飞行器一样从飞机场

跑道上起飞，以高超音速在大气层飞行，然后直接进入太空。返回大气层后，又像飞机一样在飞机场跑道上降落。

以前，航空和航天是两个不同的技术领域，由飞机和航天飞行器分别在大气层内、外活动，航空运输系统是重复使用的，航天运载系统则不能重复使用。而空天飞机能够达到完全重复使用和大幅度降低航天运输费用的目的。

空天飞机的研究探索起源于20世纪60年代初，当时它被称为"跨大气层飞行器"。由于当时的技术、经济条件相差太远，且应用需求不明确，因此中途夭折。

1986年，美国提出研制代号为X-30的完全重复使用的单级水平起阵的"国家航空航天飞机"，其特点是采用组合式超音速燃烧冲压喷气发动机。

该机由火箭发射进入太空，是第一架既能在地球卫星轨道上飞行、又能进入大气层的航空器，同时结束任务后还能自动

返回地面，被认为是后来太空战斗机的雏形。其最高速度能达到音速的25倍以上，常规军用雷达技术无法捕捉。

2010年4月22日，美国空军花费10年研制的全新"空天战机"X-37B首次试飞。这种外形和功能都酷似小型航天飞机的战机能通过火箭送入轨道环绕地球飞行，然后再以滑翔方式返回地面。

X-37B共进行了3个架次的飞行，第一次从美国佛罗里达州卡纳维拉尔角空军基地发射升空，同年12月降落加州范登堡；第二次于2011年3月5日发射升空，在轨运行时间469天，2012年6月返回，降落地点为加州范登堡；第三次于2012年12月升空，2014年10月14日返回，并降落在美国加州范登堡空军基地。

X-37B发射后进入地球卫星轨道并在太空遨游。X-37B在设计上能够执行为期270天的太空任务，但实际上能远远超出这

个时间。太空之旅结束后，X-37B将进入自动驾驶模式返回地球，最后在加州范登堡空军基地或者附近备用基地着陆。

　　X-37B的安全着陆是太空飞机自主重返大气层的创举，对美国太空计划的发展具有重要意义。

拓 展 阅 读

　　空天飞机是21世纪世界各国争夺制空权和制天权的关键武器之一，美国、俄罗斯、中国、日本及德国都还在研究阶段，但都没有实质性进展。美国的X-37B虽然能自主返回地球，但因是火箭发射，还不能算是真正意义上的空天飞机。

自由翱翔太空的航天飞机

　　航天飞机是一种有人驾驶的、能往返于太空和地面之间的航天器。它既能像运载火箭那样把人造卫星等航天器送入太空，也能像载人飞船那样在轨道上运行，还能像滑翔机那样在大气层中滑翔着陆。

　　航天飞机实际上是一个由轨道器、外贮箱和固体助推器组

成的往返航天器系统，但人们通常把其中的轨道器称作为航天飞机。

轨道器是航天飞机的核心部分，是整个航天飞机系统中唯一可载人、可重复使用的部分。固体助推器的作用是助推，用于补充主发动机推力的不足。以供再用。外贮箱是装载液体推进剂的一个独立的可以抛弃的箱体。

航天飞机的主发动机是液体火箭发动机，推进剂是液体燃料液态氧和液态氢。液体推进剂不能装在航天飞机上，而是装在一个独立的可以抛弃的外贮箱里面。采用这种结构形式，可以减少航天飞机轨道器的尺寸和重量，否则航天飞机的轨道器非常庞大。

航天飞机的飞行过程大致有上升、轨道飞行、返回三个阶

段。起飞命令下达后，航天飞机在助推火箭的推动下垂直上升，直至进入预定轨道，完成上升。

进入轨道后，航天飞机的主发动机熄火，由两台小型火箭发动机控制飞行。到达预定地点后，航天飞机开始工作。航天飞机完成任务后，便开始重新启动发动机，向着地球飞行。进入大气层后，航天飞机速度开始放慢，并像普通滑翔机一样滑翔着陆。

航天飞机除了可以在天地间运载人员和货物之外，凭着它本身的容积大、可多人乘载和有效载荷量大的特点，还能在太空进行大量的科学实验和空间研究工作。

它可以把人造卫星从地面带到太空去释放，或把在太空失效的或毁坏的无人航天器，如低轨道卫星等修好，再投入使

用，甚至可以把欧空局研制的"空间实验室"装进舱内，进行各项科研工作。迄今为止，只有美国与前苏联曾经制造过能进入近地轨道的航天飞机，并曾实际成功发射并回收，而美国是唯一曾以航天飞机成功进行载人任务的国家。

拓 展 阅 读

航天飞机集火箭、卫星和飞机的技术特点于一身，既能像火箭那样垂直发射进入空间轨道，又能像卫星那样在太空轨道飞行，还能像飞机那样再入大气层滑翔着陆，是一种新型的多功能航天飞行器。